跟大师学国学

梁启超 演讲　周传儒等 笔记

古书真伪常识

中华书局

图书在版编目（CIP）数据

古书真伪常识/梁启超讲演；周传儒等笔记. —北京：中华书局,2016.6
（跟大师学国学）
ISBN 978-7-101-11856-8

Ⅰ.古… Ⅱ.①梁…②周… Ⅲ.古籍-伪书-图书鉴定-中国
Ⅳ.G256.22

中国版本图书馆 CIP 数据核字（2016）第 106105 号

书　　名　古书真伪常识
讲 演 者　梁启超
笔 记 者　周传儒等
丛 书 名　跟大师学国学
责任编辑　李洪超
出版发行　中华书局
　　　　　（北京市丰台区太平桥西里 38 号　100073）
　　　　　http://www.zhbc.com.cn
　　　　　E-mail:zhbc@zhbc.com.cn
印　　刷　北京瑞古冠中印刷厂
版　　次　2016 年 6 月北京第 1 版
　　　　　2016 年 6 月北京第 1 次印刷
规　　格　开本/889×1194 毫米　1/32
　　　　　印张 6　字数 120 千字
印　　数　1-6000 册
国际书号　ISBN 978-7-101-11856-8
定　　价　23.00 元

写给年轻人的国学读本

——"跟大师学国学"出版缘起

这是一套写给年轻人的国学读本。

"国学"之名，始自清末。其时欧美学术进入中国，号为"新学"、"西学"等，与之相对，人们便把中国固有的学问统称为"旧学"、"中学"或"国学"等。

晚清民国时期，东西方文化会通碰撞，人文学术勃兴，产生了一批大师级的学者，留下了丰厚的文化遗产。他们的著述，历经岁月洗磨，至今仍熠熠生辉。我国古代经典，浩繁艰深，而这些著作无异于方便后人接近经典、了解历史与文化的一座座桥梁，其价值自不待言。

遗憾的是，出于诸种原因，这些著作，有的版本繁多，错漏杂见，有的久不再版，一书难觅。有鉴于此，我们特组织出版"跟大师学国学"书系，从中遴选出一些好读易懂、简明扼要的作品，仔细编校，统一装帧，分批推出，以飨读者。

这些作品，大多是一版再版的经典，不仅在文化学术界历来享有盛誉，也在广大读者中间有较高知名度；另有一部分，出自当日名家，影响很大，但1949年后未曾重印，借此次机会，将之重新推荐给大家。

这些作品，有的是为高中生所撰的教材，如张荫麟先生《中国史纲》；有的是为青年学生所作的讲演，如章太炎先生《国学概论》和梁启超先生《中国历史研究法》；有的是应约为青年人所写的通俗读物，如吕思勉先生《三国史话》——都是大家名家面向年轻读者讲述，不作高头讲章，也不掺杂教条习气。这正应了曹聚仁先生记录章太炎先生所作国学讲演时所说：

> 任在何时何地的学者，对于青年们有两种恩赐：第一，他运用精利的工具，辟出新境域给人们享受；第二，他站在前面，指引途径，使人们随着在轨道上走。

这也是本书系立意所在——让年轻一代享受大师们的文化成果，学习大师们的治学方法，感知大师们的智慧才情。朱自清先生说得好："经典训练的价值不在实用，而在文化。……做一个有相当教育的国民，至少对于本国的经典，也有接触的义务。"这对当今社会的年轻人来说，也许是一个并不过时的提醒。

我们希望，这些作品能在新的时代，帮助年轻朋友熟悉经典，认识中国的历史与文化。

中华书局编辑部

2009 年 4 月

写在前面

1927 年 2 月至 6 月，梁启超先生在燕京大学讲授"古书真伪及其年代"一学期，由清华国学研究院学生周传儒、姚名达、吴其昌记录，后整理成书。

全书分总论和分论两部分。总论有五章，作者从辨伪及考证年代的必要谈起，总结伪书的种类及作伪的来历，回顾历代辨伪学的发展情况，归纳辨伪及考证年代的方法，并阐述对不同伪书的态度。分论则依次讨论十三经的真伪及成书年代，并附论子书五种（《本草》、《素问》、《灵枢》、《甲乙经》和《阴符经》）。著名文献学家张舜徽在《中国历史要籍介绍》中说：该书"甚便初学。所举条例很清晰，而论证很平实，初学辨识伪书，必由此入门"。

因时代及观念所限，作者的某些观点尚值得商榷，有的则已被考古发现证明不能成立。如他认为："《孙子》十三篇……也许为孙膑作，或另一个姓孙的人所作。今本称孙武所作，非是。"这种认识在今天来看显然是错误的，但就方法论而言，该书对古书辨伪仍具有很大的指导价值。作者在书中也提出了一些重要的见解。比如指出很多伪书是有价值的，认为伪书的作者和年代虽属伪托，但书"断不能凭空造出，必须参考无数书籍，假中常有真宝贝"，可以从中了解著述当时的社会情况等。他说："单要给他脱下假面具，还他的真面目。一面指出他伪造的证据，宣布他的罪状；一面还他那些卖出的家私，给他一个确定的批评。这么一来，许多的书都有用处了。"

1936年，中华书局将本书收入《饮冰室合集》专集之一百四，并出版单行本，署名"新会梁启超任公演讲 吴其昌周传儒姚名达笔述"。1955年，中华书局再版单行本，纠正了一些讹误，并对书稿结构作了调整，但在内容上有个别删节。后多家出版社予以再版，但一般都是与作者其他著作编在一起。

我们此次将其纳入"跟大师学国学"系列，改名为"古书真伪常识"，简体横排，加新式标点，在内容上以《饮冰室合集》本为底本，参校我局1955年本。需要说明的是，此次出版尽量保持作品原貌，仅修订一些明显的讹误。如，《元桑子》应为《亢桑子》，《记学习言》应为《习学记言》；第六章讲《尔雅》处所举几种典籍引文不见于《礼记》而见于今《尔雅》，原文有几处阙漏，现据梁氏著《要籍解题及其读法》予以补正。

目　录

附　录

卷一 总 论

梁任公教授讲

周传儒 姚名达 吴其昌笔记

本讲演预备半年的时间，题目是"古书真伪及其年代"。全部分总论、分论二篇。分论是分别辩论古书的真伪和年代问题，一部书一部书挨次序讲下去。总论共有五章：第一章讲辨伪及考证年代的必要；第二章讲伪书的种类及作伪的来历，附带讲年代错乱的原因；第三章讲辨伪学的发达；第四章讲辨伪及考证年代的方法；第五章讲伪书的分别评价。现在就先讲总论。

第一章　辨伪及考证年代的必要

　　书籍有假，各国所同，不只中国为然。文化发达愈久，好古的心事愈强。代远年湮，自然有许多后人伪造古书以应当时的需要。这也许是人类的通性，免不了的。不过中国人造伪的本事特别大，而且发现得特别早，无论那门学问都有许多伪书：经学有经学的伪书，史学有史学的伪书，佛学有佛学的伪书，文学有文学的伪书，到处都可以遇见。

　　因为有许多伪书，足令从事研究的人，扰乱迷惑，许多好古深思之士，往往为伪书所误。研究的基础，先不稳固，往后的推论、结论，更不用说了。即如研究历史，当然凭藉事实，考求它的原因、结果。假使根本没有这回事实，考求的工夫，岂非枉用？或者事实是有的，而真相则不然，考求的工夫，亦属枉用。几千年来，许多学问，都在模糊影响之中，不能得忠实的科学根据，固然旁的另有关系，而为伪书所误，实为最大原因。所以要先讲辨伪及考证年代之必要。约可分三方面观察。

甲 史迹方面

研究历史，最主要的对象专在史迹方面。因为书籍参杂，遂令史迹发生下列四种不良现象，很难一一改正，把研究的人，弄得头昏。

一、进化系统紊乱。我们打开马骕《绎史》一看，里面讲远古的事迹很多，材料亦搜得异常丰富。假使马骕所根据那些无穷资料，全是真的，那末，中国在盘古时代，业已有文明的曙光，下至天皇、地皇、人皇、伏羲、神农、轩辕，典章文物，灿然大备，衣服器物，应有尽有。文化真是发达极了，许比别的古代文明，还高得多。

不说《绎史》，就打开最可靠的《汉书·艺文志》，里面载神农、黄帝时代的著作，不知道有多少，至于伊尹、太公的著作，更是指不胜屈。要是那些书都是真的，则中国文明与世界文明的进化原则，刚刚相反：所谓"黄金时代"，他人在近世，我们在远古。中国文明，万年前是黄金，千年前是银，以后是铜，渐渐地变成为白铁。若相信神农、黄帝许多著作，则殷墟甲骨，全属假造。不然，就是中国文明，特别的往后退化。否则为什么神农、黄帝时代已经典章文物，灿然大备，到商朝乃如彼简陋低下呢？

《绎史》所根据各书，与《汉志》所载神农、黄帝著作，皆本无其书，由后人伪造假托。诸君在小学、中学所念中国历史教科书，里面所载神农、黄帝的事很多。（最近出版的教科书，许改变了。）其时程度极高，世界所有文物，大体俱已齐备，我们觉得真可以自豪了。不过古代那样发达，为什么老不长进？旁人天天进步，自己天天后退，我们又觉得非常惭愧。其实原本不是这回事，是书籍参杂，把进化系统紊乱了。

姑且放下古书不讲。稍近点的如《周礼》，向来的人，都说是周公所作。不过其中所讲地理民情，全为战国时、秦汉间的事物。如果相信《周礼》，则周朝声教所及，与战国及秦汉差不多。然事实不如此。民族是慢慢地涨，起初占据一小部分，后来扩充得很宽。造《周礼》的人，看见当时文化如此，依傍现实的社会，构成理想的社会，所以把一千年后的战国或秦汉同一千年前的周公时代，弄成一样。如果《周礼》是真，周朝八百年，可谓毫无进步。自春秋经战国及秦到西汉，中间一千多年，一点亦没有进步。然事实不如此，因书籍年代不分明，历史进化系统，全给扰乱了。我们读史的人，得这种不正确的观念，对于民族的努力上，大有妨害。

二、社会背景混淆。这一条与前一条所讲，内容差不多，稍微有点不同。我们讲古书，不单看人看事，还要看时代背景，一般的社会状况，究竟是怎么样。因为书籍是假的，读书的人，往往把社会背景弄错了。即如《西京杂记》，分明是晋人葛洪所作，后人误认为西汉时刘歆所作。葛洪同刘歆，相距三百多年。葛讲东晋时事，刘讲西汉时事。若以《西京杂记》作为东晋时的资料，那就非常正确；若以此书作为西汉时的资料，说西京即是长安，那便大错特错了。

又有一部小品小说，名为《杂事秘辛》，此书疑即晚明时杨慎用修所作。杨老先生文章很好，手脚有点不干净，喜欢造假。据他说，由一处旧书摊中得来。内容讲东汉时梁冀家事，其时皇帝选妃，看中了梁大将军的小姐，由皇太后派一个保姆，去检查梁小姐的身体。文章描写得异常优美，但是全非事实，系杨老先生自掩笔墨，假托为汉人作品。

假如杨用修坦白地承认是自己作的，明人小说，已曾能够有此著作，在文学界价值不小。但是他不肯吐露真相，偏要说是汉人作的。后来的人，不知底细，把他当作宝贝，以为研究汉代风俗、典礼、衣服、首饰的绝好资料，那就错了。我自己许多年前曾上这个当，把他当作汉代野史看待。其中有讲缠脚的地方，本是作者自不检点所留下来的破绽，明时缠脚，因而想到汉人缠脚。若相信这部书是汉人作品，因而断定缠脚起自汉朝，不起自五代，岂非笑话！

三、事实是非倒置。现存的有两部书，因为其中有假，很足以淆乱是非。一部是《涑水记闻》，一部是《幸存录》，都是野史。《涑水记闻》，向称宋时司马光作。原书虽是真的，许是未定稿。后代的人，因为司马光声名大，易于欺世骇俗，于是抽些出来，加些进去，以为攻击造谣的工具。其中对王安石，造谣特别多，攻击得特别利害。平常人骂王安石，无足重轻，若是司马光骂王安石，那就很有力量了。实则光书虽有，已非原物。光之孙司马伋，曾上奏书，称非其祖父所作，其故可以想见。现存的《涑水记闻》，攻击阴私之处颇多。司马光与王安石，政见虽不相合，最少他的人格，不会攻人阴私，这是我们可以当保的。后人利用他的声名，把攻人阴私的话，硬派到他身上。这就是因为造假，使得是非错乱。

《幸存录》，一向都说是明末夏允彝作。夏是东林党人，人格极其高尚，我们看他不会作《幸存录》那种作品。书中一面骂魏忠贤，一面骂东林党。造伪的人，手段很好，使人看去，觉得公道。忠贤固非，东林亦未必是，还是自家人，出来说公道话。黄宗羲曾讲过，《幸存录》真是"不幸存录"，并且说原书非夏允彝作，夏不会说那种话。虽然如此，《幸存录》至今尚在，我们要研究明末政治，不能不以此书作为参考。假使是栽赃，并不是夏作，亦许早佚，亦许无人过问。因为尊重这个人，遂保存了这部书。这是史迹上最可痛恨的事情。

四、由事实影响于道德及政治。有许多史迹，本无其事，因为伪托的人物伟大，遂留下很多不良的影响。譬如孔子诛少正卯，何尝有这回事！但是《孔子家语》，言之綦详。《家语》以前的著作，及周秦诸子，亦有一部分讲这件事。称孔子与少正卯，同时招生讲学，二人相距不远，好像燕大和清华一样，孔子的学生，都跑到少正卯那儿去了，孔子异常生气，得政后三天，就把少正卯捉来杀了。后来儒家矜矜乐道，以为孔子有手段，通权达变，还有许多人想去学他。

我们看诛少正卯的罪名，是"言伪而辩，行僻而坚，顺非而泽，记丑而博"四句话。这分明出于战国末年刻薄寡恩的法家，他们想厉行专制政体，就替孔子捏造事实，以为不只法家刻薄，儒家的老祖宗，早就如此呢。其实孔子生在春秋时代，完全是贵族政治，杀一贵族，很不容易。孔子是大夫，少正卯亦大夫，又安能以大夫杀大夫？最妙是那个时代前后三事，完全一样：最早是齐太公杀华士，其次是郑子产杀邓析，又后才是鲁孔子诛少正卯。都是执政后三天杀人，同一题目，同一罪名，同一手段。天下万无几百年间，同样事实，前后三见，一点不改之理。这明是战国末年的法家，依附孔子，捏造事实。后代佩服孔子的人，以为有手腕；攻击孔子的人，以为太专制。其实真相不然，若冒昧相信，岂不误事。

《家语》是伪书，且不用说。《论语》算是最可靠了，但依崔东壁的考证，真的占十之八九，最后几篇，还是有假。《阳货》第十七说："公山弗扰以费畔，召，子欲往。子路不悦，曰：'末之也已，何必公山氏之之也。'子曰：'夫召我者，而岂徒哉？如有用我者，吾其为东周乎！'"下面一段又说："佛肸召，子欲往。子路曰：'昔者，由也闻诸夫子曰："亲于其身为不善者，君子不入也。"佛肸以中牟畔，子之往也，如之何？'子曰：'然，有是言也。不曰坚乎，磨而不磷；不曰白乎，涅而不缁。'"公山弗扰、佛肸两人先后造反，都请孔子去帮忙，孔子都欣然欲往，卒以门人之谏而止。恭维孔子的人，以为通权达变，爱国忧民；骂孔子的人，就说他官迷，出处不慎。其实公山弗扰，乃季氏手下家臣，费又是季氏采邑，孔子当时作鲁司寇，公山弗扰好像北京的大兴县知事一样，孔子好比司法总长，岂有大兴县知事造反，司法总长跑去帮忙的道理？这个话，无论如何说不通。关于公山弗扰以费畔的事迹，《左传》中言之极详，可以不辩。至于佛肸以中牟畔时，孔子已经死了十余年，佛肸虽愚，万不会请死人帮忙；孔子纵想作官，亦不会从坟墓中跳起来，亲于其身为不善。这件事《说苑》中考证得很清楚，亦用不着辩。上面两段话，因为在《论语》中，大家不敢怀疑，一般腐儒，故意曲为辩护，尤为可笑。事情的真相紊乱了，使研究历史的人，头痛眼花，无从索解，还是小事；乃至大家尊重孔子，就从而模仿他的行为，或作了坏事，用他作护符，于世道人心，关系极大。

这种捏造的事实，不仅影响于道德而已，于政治亦有极大影响。譬如《周礼》职官，名目繁琐，邦几千里之内，平均起来，不到十里，即有一个官。好像学校之内，不到十个学生，即有一个教员，岂非一件极可笑的事情？后代冗官之多，全由于此。又如太监制度，在历史上，劣迹甚多。但是因为《周礼》都有太监，后世人有所藉口，明知其坏，仍然一代一代的实行。汉代的王莽，宋代的王安石，都是相信《周礼》，把政治弄得一塌糊涂。从好的方面说来，只是过信；从坏的方面说来，便是利用。本来没有那种制度，自欺欺人，结果个人固然上当，全国政治亦糟到不可收拾了。

乙　思想方面

书籍是古代先哲遗留下来的东西，我们靠他以研究思想之发展及进步。如果有伪书参杂在里边，一则可以使时代思想紊乱，再则可以把学术源流混淆，三则令个人主张矛盾，四则害学者枉费精神。

一、时代思想紊乱。管仲是春秋初年的人，《管子》是战国时代的作品。《管子》之中，有批评兼爱、非攻、息兵的话，这分明是战国初年，墨家兴起之后，才会成为问题。若认《管子》是管仲作的，则春秋初年，即有人讲兼爱、非攻等问题，时代岂非紊乱？又如《老子》，大家以为是老聃所作。老聃乃孔子先辈，其思想学说，应在孔子之前，但《老子》中批评仁同仁义的地方很多。仁是孔子的口号，仁义并讲，是孟子的口号，以前还无人道及。《老子》说："失德而后仁，失仁而后义。"又说："大道废，有仁义。"这全是为孔、孟而发，从思想系统看来，应当在孔、孟之后。

黑格尔（Hegel）论哲学的发达，要一正、一反、一和，思想然后进步。一人作正面的主张，如墨子的非攻、兼爱；一人作反面的攻击，如《管子》对于非攻、兼爱批评得利害。一人提出几个问题，如儒家的仁和仁义；一人根本不赞成仁和仁义的价值。然后后代的人，又从而折冲调和之，学术自然一天天的发达了。没有墨家的主张，《管子》的意见无所附丽；没有儒家的见解，《老子》的批评也就是无的放矢。如果说《管子》在墨家之前，《老子》在儒家之前，是反乎思想进步的常轨。

二、学术源流混淆。前面讲《管子》、《老子》，虽非全伪，但是时代不同，稍为颠倒，便可以发生毛病。有一种书，完全是假的，其毛病更大，学术源流，都给弄乱了。譬如《列子》，乃东晋时张湛，——即《列子注》的作者，——采集道家之言，凑合而成。真《列子》有八篇，《汉书·艺文志》尚存其目，后佚。张湛依八篇之目，假造成书，并载刘向一序。大家以为刘向曾经见过，当然不会错了。按理，列御寇是庄周的前辈，其学说当然不带后代色彩，但《列子》中，多讲两晋间之佛教思想，并杂以许多佛家神话，显系后人伪托无疑。可是后人不知底细，以为佛家思想，何足为奇，中国两千多年，早有人说过了。夸大狂，是人类共同的弱点，我们自己亦然，有可以吹牛的地方，乐得瞎吹一顿。张湛生当两晋，遍读佛教经典，所以能融化佛家思想，连神话一并用上。若不知其然，误以为真属列御寇所作，而且根据它来讲庄、列异同，说《列子》比《庄子》更精深，这个笑话，可就大了。

《列子》尚有可说，时代较早，文章亦很优美，比旁的伪书都强。还有《关尹子》，时代更近，中间所讲，全是佛教思想。即名词亦全取自佛经，如受想行识，眼耳鼻舌心意，都不是中国固有的话。文章则四字一句，同《楞严经》一样。《史记》称关尹子名喜，守函谷，是老子后辈，老子出关，他请老子作书。《庄子·天下篇》亦把老聃、关尹并列，说他们是古之博大真人。这样看来，关尹这个人生得很早。但是《关尹子》这部书，则出得很晚，看其文章，纯似唐人翻译佛经的笔墨，至少当在唐代以后。

这类的书，是怎样一个来历呢？大致六朝、隋、唐以后，道教与佛教争风，故意造出许多假书，以为自己装门面；一面又抬出老子，作为教主，尊称之曰"太上老君"。又说老聃除作《老子》以外，还作了许多书，其中有一部叫《老子化胡经》，尤为荒诞，现尚存《道藏》中。因为《史记》有老子西出函谷的话，后人附会起来，说他到印度传教去了，教出来的弟子，就是释迦牟尼，佛教之所以发生，还很沾我们中国人的光呢。老子与释迦，本来没有一点关系，这样辗转附会，岂不把思想源流混淆？

三、个人主张矛盾。单就一个学者讲，因为有伪书的关系，可以使思想前后错乱矛盾。譬如《易经·系辞》，究系何人所著，我们不敢确说。前人称为孔子所作，我始终不敢相信。因为里边有许多与《论语》冲突的话，孰为真孔，颇不易知。依《论语》所谓"未能事人，焉能事鬼"，"未知生，焉知死"，孔子是个现实主义者，不带宗教色彩。依《系辞》所谓"精气为物，游魂为变，是故知鬼神之情状"，孔子又是一个宗教家。到底那几句才真是孔子说的？这就成问题了。如果两书皆真，岂不是孔子自相矛盾？

《系辞》又说："寂然不动，感而遂通。"这个话，从哲学的意义看来，虽然很好，可是确因受道家的影响以后，才发生的。《论语》中就没有这类话。若两书全信，则是自矛盾；如单信一种，又不知何者为是，何者为非。依我看来，《论语》言辞简朴，来历分明，当然最为可靠。《系辞》言辞玄妙，来历较晦，最多只能认为儒家后学，或进步，或分化的，推演而出。说儒家有此思想可以，若认为全属孔作，则不可。

又如《墨子》，大部分是真的。然起首七篇，辞义闪烁可疑。墨子根本反对儒家，处处与儒家立于对抗的地位。然《墨经》前七篇，有许多儒家的话，当然不是墨家真相，许多人都怀疑它。《墨子间诂》的作者孙仲容，以为是当时儒家势大，墨家很受压迫，为保护此书起见，故意在前几章说些迎合儒家的话，好像偷关瞒税的人，故意在私运货物上，盖上许多稻草，同一用意。因为如此，使得研究《墨子》的人迷惑，看他起初是一种口吻，后来又换一种态度，错认《墨子》首鼠两端，反为失了他的真相。

四、学者枉费精神。佛教有一部最通行最有名的书，叫做《楞严经》。此书历宋、元、明、清，直到现在，在佛学中，势力还是很大。其中论佛理精辟之处，固不少，但是与佛理矛盾冲突的地方，亦是很多。如神仙之说，是道家的主张，佛教本主无神论。然《楞严经》中，不少谈及神仙的话，遂令道佛界线，弄得不清楚了。

《楞严经》，到现在还没有人根本否认它，说它是后人假造的。我想作一篇辨伪考，材料倒搜集得不少了，可惜还没有作成。认真研究佛教，应当用辨伪书的方法，考求此书的真伪。如果属伪，就可以把它烧了。全书文章极美，四字一句，可惜思想混淆，把粗浅卑劣的道家言，和片段支离的宋儒学说，参杂下去，便弄糟了。若不辨别清楚，作为佛教宝典，仔细研究，或混合儒释道三种思想，冶为一炉，还说佛家真相如此，岂不枉费气力？

丙　文学方面

大凡读一种书籍，除研究义理外，还要诵读文章。至于文学的书，可以供我们的欣赏，更不用说。若对于书的真假，或相传的时代，不弄清楚，亦有前面所述，时代思想紊乱，进化源流混淆，个人价值矛盾，学者枉费精神，几种毛病。

一、时代思想紊乱，进化源流混淆。现在所唱的国歌："卿云烂兮，纠缦缦兮。日月光华，且复旦兮。日月光华，且复旦兮。"相传为帝尧或帝舜时所作，好歹另是一个问题，但是唐虞时代，便有此种作品，而《诗经》三百篇，应该春秋时代的诗歌，亦不过尔尔。则夏、商、周三代的人，皆应当打板子，为什么几百年乃至千年之间，老不长进呢？所以按进化公例看来，《卿云歌》不会是唐虞时代所作。

又如《伪古文尚书》，有一篇《五子之歌》，说是太康有五弟，太康被灭，其五个兄弟因思大禹之戒，感而作此。开首几句说："皇祖有训，民可近，不可下。民惟邦本，本固邦宁……"以下全篇文体大略都是如此。我们看这首歌，文从字顺，此刻虽令小孩子读之，亦能看懂，可见当时文章明显极了。但是我们试读读《周诰》、《殷盘》看，便觉得诘屈聱牙，异常难读。何以夏朝在前容易明白，殷周在后反为难晓呢？不惟《周诰》、《殷盘》难懂，就是殷墟所发现的文字，亦复难以索解。如果《五子之歌》属真，则中国文学演进的步骤，真是奇怪极了。

《古诗十九首》，如："行行重行行，与君生别离。相去万余里，各在天一涯。道路阻且长，会面安可知。胡马依北风，越鸟巢南枝。相去日已远，衣带日已缓。浮云蔽白日，游子不顾返。思君令人老，

岁月忽已晚。弃捐勿复道，努力加餐饭。"（录一，余从略。）我们看，
何等风华典雅，真可以说一字千金。据《玉台新咏》所说，《十九首》
中有八首为枚乘所作。枚乘是汉景帝、武帝间的人，已经作有如此好
诗，他死后百余年间，何以无人能作？直到东汉时，才有几篇五言
诗，有一篇为大文学家班固所作，音韵既不调和，词旨亦很平淡。直
到东汉末出了一个蔡文姬，三国时出了一个曹子建，他们的诗倒与
《十九首》差不多。如《十九首》真有些是枚乘所作，则西汉至三国，
中间毫无进步，实在无法解释。在年代未考清楚以前，文学史无从
作起。

　　再如词人之祖，相传为李太白。太白有两首词，据说是后代词曲
的起原。一首《菩萨蛮》："平林漠漠烟如织，寒山一带伤心碧。暝色
入高楼，有人楼上愁。　玉阶空伫立，宿鸟归飞急。何处是归程，长
亭连短亭。"还有一首《忆秦娥》："箫声咽，秦娥梦断秦楼月。秦楼
月，年年柳色，霸陵伤别。　乐游原上清秋节，咸阳古道音尘绝。音
尘绝，西风残照，汉家陵阙。"这两首词，神气高迈，大家以为非太
白不能作此。但是太白词，最初只有两首，后来《樽前集》增至十余
首，旁的选本，又多至几十首。唐时的词，已经如此好了，为什么五
代的《花间集》，亦不过尔尔？再说《花间集》中，双调的词很少，
纵有之，字句亦一样。但李白的词，都是双调，而且字句一样，这亦
可疑。盛唐有词，中唐百余年间，无人作词，直到晚唐，才有一个温
庭筠。按进化原理看来，不当如此。若太白之词为真，则文学史很难
作。若由各方面考证其伪，则文学史的局面，又当大大不同。

二、个人价值矛盾，学者枉费精神。再就个人言，有名人的作品，赝品很多，名气愈大，假得愈厉害。即如《李太白集》，严格考起来，其中有四分之一是假的。有一首题目叫做《笑矣乎》，内容恶劣，文格亦卑下，显非太白所作。此外类此者尚多，留心研究太白的人，不可不加以辨正。若不辨正，真令人"笑矣乎"了。为什么假？盛名之下，最易盗窃，传抄的人，辗转加入，于是愈假愈多，愈多愈假了。

晚唐时，有一个李赤，处处模仿李白，自称为李白之兄，并且说他的诗文，比李白还作得好，《唐文粹》中还有他的传，天天吃酒赋诗，后来发疯，堕在茅厕里淹死了。一个"白化"，一个"赤化"，一个死在水中，一个死在茅坑里，无独有偶，倒是一件很有趣的事情。这件事情究竟真否，虽不可知，但是他想学李白，而作了许多如《笑矣乎》一类的诗，许是有的。若没有考清楚，则李白本人自相矛盾，词作得那么好，诗作得这么丑，若拿《笑矣乎》来考试，简直是不及格，而且该打。

《东坡集》，其中亦有假。据清代纪昀所考订，假的有好几十首。作假的原因，与《太白集》中假诗正同，因为慕名而混入的。造出假诗，诬蔑作家，真是可恨。若从作品研究作者人格，李白、李赤，相去何啻天渊！以李赤的诗，断定太白人格，以后人假诗，断定东坡人格，一则误事，而且白费功夫。

再要举例，还有许多可讲，不过已经可以说明大意，用不着辞费了。总之，中国书籍，许多全是假的；有些一部分假，一部分真；有些年代弄错。研究中国学问，尤其是研究历史，先要考订资料，后再辨别时代。有了标准，功夫才不枉用。我所以把"古书真伪及其年代"作为一门功课讲，其用意在此。好在前人考订出来了的，已经很多，尚有蹊径可寻，不大费事。诸君旁的功课忙，不能每一部书都作考证。但是研究学问，又不能不把资料弄清楚。最好有这样一种讲演，把前人已经定案了的，或前人未定案而可疑的，一一搜集考核出来。随后研究本国书籍，才不会走错，不会上当。

第二章 伪书的种类及作伪的来历

（附论年代错乱的原因）

伪书的种类很多，各家的分类法亦不同。按照性质，用不十分科学的方法，大概讲起来，可以分为十种。现在依次讨论如下：

一、全部伪。此类书，子部很多，如《鬼谷子》、《关尹子》之类皆是。经部书亦不少，如《尚书孔氏传》、《子贡诗传》、《孔子家语》皆是。

二、一部伪。这类书，古籍中多极了，几乎每部都有可疑的地方，如《管子》、《庄子》之类。其中一部分为后人窜附，先辈多已论及了。即极真之书，如《论语》，如《左传》，如《史记》，尚不免有一部分非其原本，他更何论！有的同在一书，若干篇真，若干篇伪。有的同在一篇，大部分真，参几句伪。

三、本无其书而伪。如《亢仓子》、《子华子》之类。《亢仓子》一书，《汉书·艺文志》及《隋书·经籍志》皆不著录，因《史记·庄周列传》称其为书《畏累虚》、《亢桑子》皆空言无事实，故后人据以作假。《子华子》，前世史志及诸家书目，并无此书，因《家语》有孔子遇程子倾盖之事，《庄子》亦载子华子见昭僖侯，后人从此附会出来。

四、曾有其书，因佚而伪。如《列子》，昔称列御寇撰，刘向所校定，共分八篇，《汉志》曾有其目，早亡。今本为魏晋间张湛所伪托，全非刘向、班固之旧。如《竹书纪年》，晋时出河南汲冢，当系战国时人所撰，至唐中叶而没。今通行本，为宋后人所假造，惟王国维所辑则真，可以证通行本之伪。

五、内容不尽伪，而书名伪。如《左传》，原名《左氏春秋》，与《吕氏春秋》、《晏子春秋》相同，本为创作；今名《春秋左氏传》，与《公羊传》、《穀梁传》相同，不过《春秋经》三注解之一而已。原书本真，经刘歆之改窜，大非本来面目，名字改，内容改，体例亦改，其中内容，百分之九十可靠，然因书名假，精神亦全变了。

六、内容不尽伪，而书名人名皆伪。《管子》及《商君书》，皆先秦作品，非后人伪造者可比，很可以用作研究春秋战国时事的资料。惟两书皆非原名，《管子》为无名氏的丛抄，《商君书》亦战国时的法家杂著，其中讲管仲、商鞅死后之事甚多，当然非管仲、商鞅所作。

七、内容及书名皆不伪而人名伪。如《孙子》十三篇，为战国时书，非汉人撰。《史记》称孙武、孙膑皆作书，则此书也许为孙膑作，或另一个姓孙的人所作。今本称孙武所作，非是。又如《西京杂记》，分明为晋时葛洪所撰，述东晋时事甚详，然后人以为刘歆所作，则大谬。

八、盗窃割裂旧书而伪。如郭象《庄子注》，偷自向秀；王鸿绪《明史稿》，偷自万斯同。此种偷书贼，最可恶。《庄子注》十之八九为向秀作，十之一二为郭象，然研究时，颇难分别，虽知其有伪，而无可如何。《明史稿》为一代大事迹，万斯同为二千年大史家，内容极可宝贵。王为明史馆总裁，盗窃万稿，大加改窜，题曰横云山人所著书。这无异杀人灭尸，令后人毫无根据，居心尤为险毒。

九、伪后出伪。如《今文尚书》本只二十八篇属真。武帝时，孔壁《古文尚书》多出十六篇，后人已疑其伪，不久旋佚。东晋时，重出十六篇，又非孔壁《尚书》之旧，当然没有可信的价值。又如《孟子》，《汉志》有十一篇，七内篇，四外篇。武帝时，赵岐作《孟子注》，判定外篇为伪，不久遂佚，本无可惜。明人姚士粦，又假造《孟子外书》四篇，更非武帝时旧物，这真是画蛇添足了。再如《慎子》，《汉志》有之，后佚。《百子全书》本，乃宋以后人零凑而成，其中一部伪托，一部由古书中辑出。近《四部丛刊》有足本《慎子》，系缪荃孙家藏书，说是明人慎懋赏传下的，显系慎懋赏伪造，为同姓人张目。缪氏是专门目录学者，居然相信这种伪书，我们看见之后，大大失望。

十、伪中益伪。此类书，谶纬最多。如《乾凿度》，本战国阴阳家及西汉方士所作，恐后人不置信，伪托为孔子于删定群经之后为之，当然全部皆假。然今本《乾凿度》又非汉时旧物，乃后人陆续增加补缀而成。这岂不是伪中益伪吗？如果研究此书，应以辨别《左传》的方法，下一番爬梳剔校的工夫。

由上面看来，中国的伪书真是多极了。为什么有这么多的伪书？其来历怎样？依我看来，约有下列四种：

一、好古。好古本为人类通性，中国人因为受儒家的影响，好古性质尤为发达。孔子尝说："述而不作，信而好古……"又说："多闻阙疑……多见阙殆……"孔子如此，其门下亦复如此，所以好古成为儒家的特别精神。儒家在中国思想界影响极其伟大，儒家好古，因此后来的人每看见一部古书，都是非常珍重。书愈古，愈宝贵，若是后人所作，反为没有价值。有许多书，年代不确，想抬高它的价值，只得往上推。有许多书，分明是后人所作，又往往假托古人名字以自重。

二、含有秘密性。从前印刷术尚未发明，读书专靠抄写，抄写是极费事的。中国地方又大，交通不便，流通很感困难。又没有公共藏书机关，如今日之图书馆，可以公开阅览。因此每得一种佳本，不肯轻以示人，书籍变成为含有秘密性的东西了。要是印刷发明，流通容易，收藏方便，书籍人人能见，不易随便造假，即造假亦会让人发见的。凡事愈公开，愈是本来面目；愈秘密，愈有造假的余地。书籍亦当然不能独外。

三、散乱及购求。中国内乱太多，而藏书的人太少，所有书籍，大半聚在京城，或者藏之天府。古书的收藏和传播，靠皇帝之力为多。既然好书都在天府，每经一次的内乱，焚毁散失，一扫而空，再要收集恢复，异常费事。隋牛弘《请开献书表》，称书有五厄："……秦皇驭宇，……始下焚书之令，……一厄也。……王莽之末，长安兵起，宫室图书，并从焚烬，……二厄也。……孝献移都，……西京大乱，一时燔荡，……三厄也。……刘、石凭陵，京华覆灭，朝章国典，从而失坠，……四厄也。……萧绎据有江陵，……江表图书，因斯尽萃于绎矣。及周师入郢，绎悉焚之于外城，……五厄也。……"在隋以前，书已有此五厄，牛弘以后，为厄更多。隋炀帝在江都，把内府藏书携去，炀帝死，书亦散失无遗，这可以算是一厄。安史之乱，长安残破，唐代藏书，焚毁一空，这可以算是一厄。及黄巢作乱，到处焚杀，所过之处，几于寸草不留，天下文献，丧失大半，这亦算是一厄。以下历宋、元、明到清，每代都有内乱，而且每经一次内乱，天府藏书，必遭一次浩劫，费了许多工夫所聚集的抄本孤本，扫荡得干干净净。

在每次内乱，书籍散亡之后，就有稽古右文的君主或宰相，设法恢复补充，愿出高价，收买私家书籍，实之天府。把历史打开，大致翻一翻，这类事情不少。如汉武帝，广开献书之路，置写书之官，一面找人搜集，一面找人抄写。汉成帝时，使谒者陈农，广求遗书于天下。隋开皇时，因宰相牛弘的条陈，分头使人访求异本，每书一卷，赏绢一匹。唐贞观中，魏徵及令狐德棻请购募亡逸书籍，酬报从厚。肃宗、代宗，当安史乱后，皆相继购求典籍。诸如此类，不胜枚举。大乱之后，书籍亡佚得很多，政府急于补充，因之不能严格，从重赏赐，从宽取录，以广招徕，遂与人以作伪的机会。有的改头换面，有的割裂杂凑，有的伪造重抄，许多人出来作这种投机事业，以图弋取厚利。伪书所以重见叠出以此，一方面因为散亡太多，真本失传；一方面因为购求太急，赝品充斥。四个原因之中，要算这个最重。

四、因秘本偶然发现而附会。古代书籍，中经散佚，时常有偶然的意外发现。如晋太康三年，河南汲郡地方，有人偷掘古冢，得着许多竹简。经后人的考证，知道古冢是魏襄王（从前人以为安釐王）的葬地，竹简是战国时的东西，襄王死时，以书殉葬，《竹书纪年》、《穆天子传》皆从其中得来。古冢中发现书籍，本来是可能的，因此后代有许多人假造附会，所以历史上纪载某处老房子，某处古冢，发现古书的事情很多。或者发现是真的，书却是假的；或者发现是假的，书亦是假的。于是伪籍流传，日甚一日了。又如前清光绪末年，在河南殷墟发现许多甲骨，其上刻有文字，那都是孔子以前的东西，孔子所不曾见过的。本来极可宝贵，不过发现以后，二十年来，至于今，琉璃厂的假甲骨就很多。因为从前不贵，现在很贵，小者数元，大者数十元，自然有人伪造牟利了。书契典籍，亡佚后有再出的可能，开后人作伪之路。伪书之多，这亦是一个原因，不过没有第三个原因重要而已。

前面讲伪书的种类，以书的性质分，大概有十种。若以作伪的动机分，又可另外别为两类。这种分类法，比头一种分类法还重要些。

甲　有意作伪的

有意作伪，其动机可归纳成六项。

一、托古。这项动机，比较上最纯洁，我们还可以相当的原谅。为什么要托古？因为中国人喜欢古董，以古为贵，所以有许多人虽然有很好的见解，但恐旁人不相信他，只得引古人以为重，要说古人如此主张，才可以博得一般人的信仰。作者的心理，不为名，不为利，为的是拥护自己的见解，依附古人，以便推行。手段虽然不对，动机尚为清白。这种现象，春秋战国时最多。如《史记·五帝本纪》赞称："百家言黄帝，其文不雅驯。"可见春秋战国时人皆笃信文化甚古说，以为黄帝时代各种学术思想已经很发达了。

《孟子·滕文公上》说："有为神农之言者许行……"许行是无政府党，与马克斯派的唯物主义，气味有点相近。他因为理想特别，恐大家不相信，所以托为神农以自重。神农去得很远，其时社会如何，不得而知，亦许许行理想中的神农时代，真是自耕而食，自织而衣，所以他才去模仿。不特诸子百家托古，即孔、孟亦复托古。孔子说："大哉，尧之为君也……"又说："巍巍乎，舜、禹之有天下也。"孟子更厉害，《滕文公上》说："孟子道性善，言必称尧、舜。"儒家如此，墨家亦然，《尚贤中》说："尧、舜、禹、汤、文、武之王天下，正诸侯者，此亦其法已。"而尤崇拜大禹，《庄子·天下篇》说："墨子称道曰：昔者禹之湮洪水，……亲自操橐耜。……禹，大圣也，而形劳天下也如此。"

大凡春秋战国的开宗大师，莫不挟古人以为重。《韩非子·显学篇》批评他们道："孔子、墨子俱道尧、舜而取舍不同，皆自谓真尧、舜。尧、舜不复生，将谁使定儒墨之诚乎？"这真痛快极了！尧、舜死了，没有生口对证，谁知你是真是假呢？孟子可以说："有为神农之言者许行。"许行亦可以说："有为尧、舜之言者孟轲。"儒家可以说："有为大禹之言者墨翟。"墨家亦可以说："有为黄帝之言者老聃。"每一家引一个古代著名的人物，以自重其学说，动机本不甚坏，不过先生一种主张，学生变本加厉的鼓吹之，所谓"其父杀人报仇，其子必且行劫"，则流弊就不堪设想了。

即如许行并耕之说，本来是他自创的唯物主义、无政府主义，偏要说神农时代如此，后来愈说愈像，便就弄假成真了。《汉书·艺文志》中有《神农》二十篇，《神农教田相土耕种》十四卷，《神农黄帝食禁》七卷，全部是附会的。最著名的《神农本草》一书，相传为神农口尝百草，辨别苦辛，然后编著成书。其实此书与神农丝毫无关，乃汉末以后渐渐凑成，至梁陶弘景，才完全写定。又如庄子著书，明白声明寓言十九，因为要发表自己主张，最好用小说体裁，容易畅达。《天地篇》说："黄帝游乎赤水之北，登乎昆仑之丘，而南望还归，遗其玄珠。……"这本是庄子理想，借名字以点染文章的，好像曹雪芹作《红楼梦》，借宝玉黛玉的口吻，以发舒他的牢骚一样，后人却因为庄周说黄帝，平空附会许多关于黄帝的事实，及黄帝所著的书籍。

我们看，《汉书·艺文志》所载那许多伪书，大半由于引古人以自重的动机而出。书之著成，亦多半在战国时代。因为战国末年，社会变动很大，思想极其自由，有人借寓言发表，有人借神话发表。开宗大师都引一个古人作护身符，才足以使人动听。他们的学生变本加厉，于是大造伪书。学术所以隆盛在此，伪书所以充斥亦在此。始皇焚书以前，春秋战国间的伪书，大概都只有这一个动机。

二、邀赏。方才讲每经丧乱以后，出重价求书，免不了有人造假。普通的如汉武、唐太稽古右文，悬赏征集，当然有许多无聊的人，专作投机事业，所以每失一回，每收一回，伪书愈多一回。还有几次特别一点的，如汉景帝之子河间献王，修学好古，实事求是，他以亲王的力量，亲贤下士，访求典籍，得书异常之多。他尤喜欢秦汉以前古文字，搜罗不遗余力，所以古文各经，俱从河间献王而出，汉朝经师有今文古文的争辩，其来源也在此。他所得的遗书，真的固然很多，假的亦颇不少。因为造一部伪书既可卖钱，又可作官，利之所在，人争趋之，伪书就层出不穷了。

汉代除伪古文的经书以外，还有所谓纬书，前回所说的《乾凿度》就是纬书之一种。纬书，古代有无，殊不可知。战国末年，阴阳家造作五行神仙之说，这可以说是纬书一大根源。至西汉中叶以后，作品极多，流传亦盛，尤以宣帝一朝为数特夥。宣帝是武帝曾孙，戾太子之孙，戾太子被谗而死，宣帝自狱中辗转流落民间。当他年轻的时候，常听见烧饼歌一类的寓言，偶有几次巧合，使他深信不疑。后来他作皇帝，极力推崇奖励，当然以皇帝的威权临之，不愁全国人不从风而靡，其时"烧饼歌式"的著作——即谶纬——极为流行。西汉、东汉，这类东西都是十分的发达。

汉成帝时，有一宗特别的事情，就是成帝特别喜欢《尚书》。可是《尚书》百篇，自经秦火后，十丧其七，只余二十八篇。成帝因为酷好这部书，打尽了主意，以求得足本为快。于是张霸出来作投机的事业，造出了一部百两《尚书》，比足本还多两篇，称为春秋以前旧物。书上，成帝大喜，立刻赐他一个博士的官职，等于现今的国立大学教授。后来仔细研究，才知道除原有二十八篇外，尽都是假的。有人主张杀他，成帝深爱其才，又怜他造假不易，仅革博士职，饶他一命。

到了东汉时代，不特伪书充斥，烧饼歌亦很流行。汉光武一代中兴之主，雄才大略，不愧中国史上第一流皇帝，但是他亦很迷信。光武名刘秀，王莽时，民间有"刘秀作天子"的谣言。时刘歆作国师，欲符合流传的歌谣，改称刘秀。光武正在南阳耕田，有人把这个话传到他耳朵里，说："国师欲作天子啦！"光武投锄而起，答道："安知非我？"后来他居然以一匹夫起兵，打倒王莽，自为皇帝。他觉得烧饼歌很灵验，十分的相信。一般人民，欲投人主之好，于是矫揉造作，故作隐语以欺世。虽然不是直接假造伪书，但于假造伪书，有极大的影响。

降至隋代，又有一宗特别的事情。文帝酷爱古书，尤爱《易经》。

当时有一个大学者刘炫，学问声望都很好，在北魏、北周之末，为北方大经师，又作了一二十年的大学教授，因为迎合文帝的嗜好，造了《连山》、《归藏》两部《易经》。他说《连山》是夏朝的《易经》，《归藏》是商朝的《易经》，《周易》是周朝的《易经》。我们年轻时，读《三字经》，中间有几句："有连山，有归藏，有周易，三易详。"就从这里生出来的。《连山》、《归藏》，《周礼》中提到过，乃假造《周礼》的人随便乱说，本来没有这两部书，刘炫因《周易》而想及《连山》、《归藏》。书初上时，文帝大喜，后来知道是假的，以为大逆不道，就把刘炫杀了。一代大学者，因为造假书砍头，太不值得。但须知奖励过分，无异明白教人作假，这也不能单怪刘炫啊！

三、争胜。中国人有好古的习气，愈古愈好，以为今人的见解，无论如何，不如古人高明。所以有许多学术上的争辩，徒恃口舌，不能胜人，便造作伪书，或改窜古书，以为武器。这种动机，与托古不同。托古是好的，为发表自己主张，引古人以自重，然绝不诬陷古人，亦未诋毁旁人。争胜是不好的，只要可以达到目的，古人今人，一概利用抹杀，未免过于刻薄。

为争胜而作假，自西汉末刘歆起。其时经学上有今文、古文之争。歆父刘向，为大经师，歆自己，学问亦很渊博，《汉书·艺文志》即根据他的底稿。在学问上，我们应当敬礼；在人格上，我们就不敢赞成。他姓刘，但是为王莽作国师，又改名刘秀，以应民谣，可谓不忠；他父亲是今文家，《诗》宗《鲁诗》，《春秋》宗《穀梁》，他自己推崇古文，《诗》宗《毛诗》，《春秋》宗《左氏》，可谓不孝。从前只有《左氏春秋》，后有《春秋左氏传》，刘歆引传改经，又添上许多话，才有《左传》出现。他说《公羊》、《穀梁》皆晚出，得诸传说，讹漏百出，惟左丘明亲见孔子，好恶与圣人同，《论语》曾有"左丘明耻之，丘亦耻之"的话，当然最为可靠。他专门与今文家作对，《春秋》既用《左氏》以打倒《公羊》、《穀梁》，《诗经》则用《毛诗》以打倒齐、鲁、韩三家，《礼》则用《周礼》以打倒《仪礼》。又恐怕徒恃口舌，不足以争胜，就全部或一部的改窜古书。如《周礼》全部由刘歆假造的，《左传》一部是刘歆编定的，其余各经，涂改亦多。

汉以后，至魏晋间，有王肃出，师刘歆的故智，以为要打倒当时大经师郑康成，非假造伪书不可，所以有许多伪书，都由他一手造成的。伪《古文尚书》孔安国《传》，据说是他改窜的，主名虽未完全确定，十成之中，总有九成可信。《孔子家语》及《孔丛子》，几乎可以说完全由他一手造成，简直没有什么问题。此外历代假造古书以求打倒对手方的人，还很多，这里只举刘歆、王肃二人作为代表。

儒家如此，道教亦然。道教与道家不同。道家是一种哲学思想，如老聃、庄周一派。道教是无聊的宗教，最初由黄巾贼张角，以符咒扇惑人心，后来愈演愈厉，成为江西龙虎山张天师一派。道教自东汉末起，二千年来，在社会上有极大势力，直至去年，党军入江西，才把张天师赶走。道教初起的时候，符咒骗人，其中无甚奥义，其后愚民信者众，这才野心勃发，想树立一大宗派。会佛教自印度输入，道教与之争胜，造出许多无聊的书。现在《道藏》中黄帝著作，几达百种，老聃、庄周亦各数十种。诸如此类，伪书甚多。其目的在与佛教争胜，或与儒家争胜。年代愈久，书目愈增，到现在不可胜数了。

佛教本身，伪书亦复不少。佛经从域外输入，辞义艰深晦涩，不易理会。译书比自己作书还难，大家都有这种经验的。六朝、隋、唐之间，佛教盛行，真的佛典正确翻译过来，一般人看不懂。于是投机的人，东拚西凑，用佛家的话，杂以周秦诸子的话，看时易解，人人都喜欢诵，但不是佛经原样了。佛徒为增进自己势力起见，为同大师争名起见，一意迎合常人心理，不惜假造伪书的往往有之。如《楞严经》，直到现在，大家还以为佛教入门宝籍，就是因为其中思想与我国思想接近。然而《楞严经》便不可靠，其他无聊作品，不如《楞严经》的还多得很哪。

四、炫名。这种动机，比邀赏好一点，不过还是卑劣，只是为外来的虚荣，不是为自己的主张。假造《列子》的张湛，觉得当时学者，对于《老》、《庄》的注解甚多，若不别开生面，不能出风头。而列御寇这个人，《庄子》中说及过，《汉书·艺文志》又有《列子》八篇之目，于是搜集前说，附以己见，作为《列子》一书，自编自注，果然因此大出风头。在未曾认为假书之前，他的声名，与王弼、向秀、何晏并称。这算是走偏锋以炫名，竟能如愿以偿。

又如杨慎，生平喜欢吹渊炫博，一心要他人所未看之书。本来一个人讲学，只问见地之有无，不问学识之博否。但杨老先生则不然，专以博学为贵。《太平御览》是中国很大的一部类书，根据《修文御览》而出。《修文御览》早佚，杨老先生偏说他曾看见过。后来的人，因为知道他手脚不干净，所以对于他所说所写的，都不十分相信。否则以他的话作根据，一口说《修文御览》明时尚有此书，岂非受愚？

再如丰坊，为明代一大藏书家，范氏天一阁所藏之书，多半从丰氏得来。丰氏累代藏书，购置极富，第三代坊，好书尤酷。他家里所藏抄本，诚然很多，足以自豪。但他犹以为未足，偏要添造些假的。如《子贡易传》、《子夏诗传》、《晋史乘》、《楚梼杌》之类，真是可笑。丰坊又好书，又好名，他的喜欢假造书，许有点神经病作用。晚年，真的秘本，固不足以满他的欲望，假造之书，似乎又赶造不及，结果，竟得神经病而死。

五、诬善。造作伪书，诬毁旁人。譬如前回所讲《涑水记闻》，是后人假司马光之名，痛诋王安石；《幸存录》，是后人假夏允彝之名，毁谤东林党。其实皆本无此书，或有此书而无毁人的话，系后人假造或参杂进去的。还有想害某人，故意栽赃。如宋魏泰欲害梅圣俞，故作《碧云骃》一书，托名为梅圣俞撰。碧云骃者，谓马有旋毛，品格虽贵，不能掩其旋毛之丑。全书一卷，所载皆历诋当时朝士的话，欲藉此引起公愤。不幸后来让人发觉了。

有一种人，费了许多心血，作成一部书，想出自己的名字，又觉得不方便，想抛弃了，似乎又舍不得，于是造一个假名，拿去付印。如《香奁集》，本为和凝所作，在文学界，价值很高，惟其中讲恋的话太多，和凝作宰相后，觉得与自己身分不称，乃嫁名韩偓所作。其实和凝在当时有曲子相公之名，就说《香奁集》是他自己所作艳体诗，亦无不可，偏要故意规避。其动机虽非纯粹出于诬善，然有点相近，终究是不正当。

六、掠美。这类人，在学术界很多。如前回所说郭象的《庄子注》，是盗窃向秀的；王鸿绪的《明史稿》，是盗窃万斯同的。《庄子注》还好，没有什么大错。《明史稿》就改得很不堪，所谓点金成铁，令我们读去，常有不睹原稿之憾。又如谷应泰《明史记事本末》，编制排比，详略得中，允推佳制，但据邵念鲁《思复堂文集·遗民传》称，为山阴张岱所撰，谷应泰以五百金购得之。果尔，我们对于谷氏，不能不说他有掠美的嫌疑了。

有意作伪之书，除第一种动机可原外，其余五种动机皆坏。

乙　非有意作伪的

有许多书，作者不伪，后人胡猜瞎派，名称内容遂乱。既然要辨别古书，这种著作，也不能存而不论。以下分为子丑两部说明之。

子　全书误题或妄题者

这类作品又可分为四类。

一、因篇中有某人名而误题。如《素问》一书，最早是战国末年的作品，稍晚则在西汉末叶始出，为中国一部顶古的医书。其中虽然可议的地方很多，然亦至可宝贵，古代医学知识，可考见的，多赖此书。原书作者，姓名不传，今称《黄帝素问》，或称《黄帝内经》。还有一部《灵枢》，作者姓名亦不传，今称《灵枢针经》，或称《黄帝针经》。做书的人，本来不想作伪，然因为《素问》起首有"黄帝问于岐伯曰……"的话，乃属作者，假为黄帝、岐伯问答之词，以发抒其医学上的见解。而后人不察，即以此误会为黄帝所作。是以今人称赞名医，说他"术精岐黄"，以此。

又如《周髀算经》一书，当属汉人作品，为中国一部最古的数学书，价值亦极宝贵。原书作者，姓名不传，后人因为起首有"周公问于商高曰……"的话，遂误为周公所作。实则"周"是讲圆，"髀"是讲股，等于现在的几何三角。其称周公、商高，亦不过作者假古人的名字，以发抒其数学上的见解，初非有意作伪。后人不察，硬派为周公所作，于是一圆一股的"周""髀"，便成为周公的一条腿了。许多古书，皆以有古人问答之词，因而得名。

二、因书中多述某人行事或言论而得名。这类书，与前一类相近，亦以战国、西汉时代为最多。如《孝经》一书，不惟不是孔门著作，而且不是先秦遗书，乃汉儒抄袭《左传》，益以己见，杂凑而成。后人因为里边讲曾子的话及曾子所作的事很多，遂以为曾参所作，实大误。此书若认为汉儒作品，有相当的价值；若认为孔门作品，则牴牾挂漏之处特多。

又如《管子》及《商君书》，本为战国末年著作，其中不过多载管仲、商鞅的话及其行事而已，关于管仲、商鞅死后的事情，记载亦复不少。若认为战国末年法家作品，其价值极高，有许多很好的参考资料。若认为管、商本人所作，则万万说不通。这种书，作者没有标出姓名，大致是一种类书，杂记各项言语行事，起初并不是诚心作伪，乃后人看见书中多述某人言行，从而附会之，因此得名。

三、不得主名而臆推妄题。许多很有价值的书籍，因为寻不着主名，就编派到一个阔人身上。如《山海经》，是一部古代神话集成，最古的部分，许是春秋战国时人手笔；最晚的部分，当出于西汉、东汉之间。因为其中多荒诞之语，历代皆认为一部异书。《史记》虽引其名，但未言为何人所作。惟《列子》曾说："大禹行而见之，伯益知而名之，夷坚闻而志之。"后人因为太史公都看见过，相信确有其书，《列子》又有这套话，遂编派为大禹、伯益所作。实在书中多载春秋战国地名，至早以春秋为止，绝不会出在三代以前。

又如《难经》，是中国医学界最有名的古书，内中载八十一个医学上的难题及其答案，当系东汉末三国时人所作，与《素问》、《灵枢》齐名。《素问》、《灵枢》要早点，就派给黄帝，《难经》稍晚点，就派给秦越人（扁鹊）。因为秦越人是战国时代最有名的医生，非他似乎不能有此杰作。当初作《难经》的人，何尝有意造假，都是后人摸不着主名，无端编派到扁鹊名下。

古书如此，近代之书亦然。如坊间通行的《黄梨洲集》，中有《郑成功传》，作品虽然不坏，然绝非黄氏手笔。一则文笔不像，再则恭维满清，有"圣朝"、"大兵"等语，与黄氏身分不称。黄为明室遗民，满洲入关，抵死不肯屈节，安有恭维满清之理？大抵当时有人作《郑成功传》，然因他种关系，不敢自出主名，后人因为梨洲有《行朝录》，言鲁王、唐王之事甚详，郑成功为排满中坚分子，为之作传者，必系梨洲无疑，遂把此传收入黄氏集中，铸此大错。

诸如此类，作者无心造假，后人瞎乱胡猜，遂致张冠李戴。古书如此，字画诗词亦然。所以无名汉碑，往往误认为蔡邕所书；无名唐画，往往误认为吴道子所作；《古诗十九首》，后人多谓出自枚乘；《菩萨蛮》、《忆秦娥》两阙，后人多谓出自李白。事情虽不一样，道理完全相同。我们从事研究的人，切忌不要为虚名所误。

四、本有主名，不察而妄题。如《越绝书》，记江浙间事甚详，为汉魏时人所作。作者滑稽好戏，不愿明标主名，故意在书后作了四句隐语："以去为姓，得衣乃成。厥名有米，覆之以庚。"我们看这四句话，明明白白，知道是袁康二字。作者姓袁名康，还有什么问题？后人不察，偏要编派在一个名人身上，以为书中多记吴越之事，细考孔门弟子中，惟子贡曾到越国，遂指为子贡所作。今《四库全书》，仍题为子贡撰，这是多么可笑一件事情。

佛经中有一部《牟子理惑论》，系中国人最先批评佛教的著作，共三十七章，极有价值。自序云："灵帝时，遭世乱离，避地交州，著书不仕。"把时代、经历、地方，都说得很明白，《隋书·经籍志》，因为作者姓牟，而姓牟的人，只有牟融最知名，遂题为牟融作，已经大错了。《唐书·艺文志》更糊涂，又考出牟融官职，给他加上官衔，题汉太尉牟融作。本来是隐士，忽然变作达官；本来在安南，忽然跑到中原；本当桓、灵时代，忽然提到光武，前后相差两百年。书错还是小事，后人根据作者姓名，用以推断佛教，说佛教之输入，确在光武之前，牟融时已经很发达了，这样一来，那真是受害不浅。

丑　部分误编或附入

这类作品，又可分为五类。

一、类书误作专书。如《管子》全书，非一人一时所作，乃杂志体，聚集若干篇法家言，并未标明何人所作。其中《弟子职》、《内业》等篇与全书体例不符，范围、文体，皆有出入，可见显系杂抄之书无疑。若认为一部类书，倒还可以；若认为一种专书，那就错了。因为其中讲管子的话很多，所以名之《管子》，实非管仲所作。

二、注解与正文同列，混入正文。《庄子》一书，内篇是庄周所作，外篇乃后人注解庄周之书。抄书的人，抄了内篇，又把注解一并抄下，统名之为《庄子》。但是内篇、外篇，内容、文体，俱不相同，一见可以了然，绝不能认为出自一人之手。如认内篇为正文，则外篇、杂篇，必为注解；如认外篇、杂篇非注解，则外篇、杂篇，必为后人所伪托，总之不是庄周所作的东西。

一部之中，有注解附入正文处；一篇之中，亦有注解附入正文处。因为古代用竹简，正文是刀刻或漆书，注解亦是刀刻或漆书，没有法子区别。如《礼记·王制篇》，最末一段："自恒山至于南河，千里而近；自南河至于江，千里而近。……"下面一段："古者，以周尺八尺为步，今以周尺六尺四寸为步。……"这两段皆与本文无关，当系注解；或者后人读《礼记》，读到此处，作了一点考证的功夫，因而随笔记下，所以与正文连接不起来。

有时读者在书的空白处，记下几行旁的事情，本来毫无关系，后人看见，误认成为足本。如《论语·季氏章》最末一段："邦君之妻，君称之曰夫人，夫人自称曰小童；邦人称之曰君夫人，称诸异邦曰寡小君；异邦人称之亦曰君夫人。"这几句话，毫无意义，孔子不会这样讲。《微子章》末一段："周有八士：伯达、伯适、仲突、仲忽、叔夜、叔夏、季随、季骔。"这几句话，亦复毫无意义，不像孔子口吻。《论语》前几篇，不相干的话还少，后几篇，不相干的话很多。前人以为奇文奥义，其实不过后人信笔写上的备忘录而已。

三、献书时，求增篇幅。前面讲历代帝王广开献书之路，有许多人立心不良，造假书以邀赏；又因为赏之重轻，以卷数之多寡为准，所以有人割裂他书篇幅充数，以求赏赐增加。周秦诸子，同一篇文章，往往彼此互见。如《韩非子》头一篇，就与《战国策》内一篇相同，不是献《韩非子》的人盗窃《战国策》，就是献《战国策》的人盗窃《韩非子》。此类作品，秦汉之间甚多。所以《管子》中的《弟子职》、《内业》两篇，与全书体例不同，大致是献书的人，牟利邀赏，随意窜入的。

四、后人续作。后人续作前人之书，本来无心造假，然而原作与续作相混，于是生出许多破绽。最显明的例子是《史记》。司马迁作《史记》，共一百三十篇，现存之本，差不多有一小半不是太史公作的，其中记载司马迁死后十几年乃至一百年的事情甚多。但这不是续作的人有心造假，实因感觉着有续作的必要。《史通·正史篇》说："《史记》所书，年止汉武太初，以后阙而不录。其后刘向，向子歆，及诸好事者，若冯商、卫衡、扬雄、史岑、梁审、肆仁、晋冯、段肃、金丹、冯衍、韦融、萧奋、刘恂等，相次撰续，迄于哀平间，犹名《史记》。"而褚少孙、班彪、班固，尚不在内。由此看来，汉代续《史记》的人，有十八人之多，无怪《史记》一书，破绽百出了。其中惟褚少孙所续，标明"褚先生曰……"数字，尚可识别。其余十七人的手笔，大都无法辨认。所以有人说司马迁活到八十、九十，乃至百二十岁，使得后人彷徨迷惑。

五、编辑的人无识贪多。这种情形，古代有之，而以近代为尤甚。如前回所讲《李太白集》、《苏东坡集》，本人皆未写定，死后由门生弟子陆续编成。编书的人，抱定以多为贵主义，好像买菜，苦口求添，而眼光不到，不足以识别真假，因此有许多他人作品，得以乘机阑入。这不能怪编书的人有意造假，他的本心，只觉得片纸只字，皆可宝贵，殊不知已造成砥砆乱玉的恶果了。

有意作假，动机很坏，非辨别不可。无意作假，虽无坏的动机，亦当加以考订。为求真正知识，为得彻底了解起见，对于古书，应当取此种态度。否则年代错乱，思潮混杂，是非颠倒，在学术界遗害甚大。而且研究的结论如果建筑在假的材料上，一定站不住，很容易为他人所驳倒。以上把伪书的种类，作伪的来历，年代错乱的原因，简单的说明如此。

第三章　辨伪学的发达

既然有了许多伪书，伪书里又包含了许多伪事，当然免不了学者的怀疑。所以伪书发生于战国，而战国时的学者也跟著发生疑心了。孟子是战国初年的人，他已说："尽信《书》不如无《书》。吾于武成，取其二三策而已。"虽然他因抱着了仁者之师必不多有残杀的成见，所以疑武成说的"血流漂杵"，理由并不充足，但我们可从这上，看出当时的人已渐渐不相信古书了。战国末韩非子也曾怀疑诸子百家的伪造古事，他说："孔子、墨子俱道尧、舜而取舍不同，皆自谓真尧、舜。尧、舜不复生，将谁与定儒、墨之诚乎？"虽不是说某部书是假的，却已明明说出诸子百家信口传说的不可信了。

但这不过是对于伪书、伪说的一种怀疑而已，还没有做积极的辨伪工夫，更没有一定的辨伪方法和标准，所以先秦伪书、伪说留传到汉朝的实在不少。司马迁当汉武帝的时候，眼看见异说纷纭，古事沦没，发愤著书，想"成一家之言，厥协六经异传，整齐百家杂语"。当那种真伪杂出的史料堆积在他面前，当然不能尽数收录，当然不能不用存真去伪的工夫。他因为"百家言黄帝，其文不雅驯"，而以"不离古文者近是"；因为"世言苏秦多异，异时事有类之者，皆附之苏秦"，而"列其行事，次其时序"；因为"说者曰：'尧让天下于许由，许由不受，耻之逃隐。及夏之时，有卞随、务光者……'"难以称述，故"考信于六艺"；因为"学者多称七十子之徒，誉者或过其实，毁者或损其真，均之未睹厥容貌，则论言弟子籍出孔氏古文近是"。这种先拿一种可信的书籍做标准而以其他百家言为伪的方法，虽然免不了危险，但先秦诸子的许多伪说、伪书，给他这么一来，便不能延续生命了。我们可以说作史学的始祖是司马迁，辨伪学的始祖也是司马迁。从他以后，汉朝学者对于书的真伪，已有很明了的辨别眼光。如汉成帝时，张霸伪造百两篇《尚书》，当时成帝便拿出中秘的百篇《尚书》来比较，立刻便发觉是假的，这便是一个证据。

西汉末，学术界起了今古文之争。当时的学者显分二派，刘歆是古文家，替古文辨护，想建立《左氏春秋传》、《毛诗》、《逸礼》和《古文尚书》等博士。汉成帝叫太常博士讨论这个问题，那些博士都是今文家，相信今文，怀疑晚出的古文书是假造的，大家都不肯置对。刘歆写一封信给那些人，说明古文是孔子的遗经，责让他们不应该怀疑。太常博士都很怨恨，光禄大夫龚遂、大司空师丹、王莽的左将军公孙禄先后攻击刘歆，说他"颠倒五经，令学士疑惑"。这个案子，一直到现在还未解决。究竟古文的书全是伪呢？还是一部分伪？历代学者，说法不同。但我们可以说，在西汉末，那些今文家怀疑晚出的古文，而极力想方法辨别古文的伪，这种群体的辨伪工作，总是可贵。

班固的《汉书》，不惟《儒林传》已把造伪、辨伪的事情告诉我们，《艺文志》更说得明白。如《文子》九篇，班固自注云："老子弟子，与孔子并时，而称周平王问，似依托者也。"《力牧》二十二篇注云："六国时所作，托之力牧。力牧，黄帝相。"《孔甲盘盂》二十六篇注云："黄帝之史，或曰'夏帝孔甲'，似皆非。"《大禹》三十七篇注云："传言禹所作，其文似后世语。"《神农》二十篇注云："六国时，诸子疾时怠于农业，道耕农事，托之神农。"《伊尹说》二十七篇注云："其语浅薄，似依托也。"《天乙》三篇注云："天乙谓汤，其言非殷时，皆依托也。"《黄帝说》四十篇注云："迂诞，依托。"这类托古的伪书，经班固辨别的，有四五十种。我们知道，班固的《艺文志》是根据刘歆的《七略》做的，《七略》又本于刘向的《别录》。可见辨伪学在西汉末已很发达了，虽然刘歆竭力辨护晚出的古文。

今古文之争，到了东汉便渐渐消沉了。但是当马融、郑玄正在融和今古文注解三礼、《尚书》……的时候，郑玄的弟子临孝存却根本不相信《周礼》，说是"末世渎乱不经之书"，专门做了十论七难来辨别《周礼》不是真的。这十论七难虽然不存，但总算是专书辨伪的最早一部书。另外何休也曾经说"《周礼》是六国阴谋书"。王充的《论衡》，尤其表现怀疑的精神，攻击无稽的古史。赵岐注《孟子》，以外篇"其文不能闳深"，删去不注。可见东汉学者也很注意辨伪。

自三国到隋，一般学者都跑到清谈和辞章方面去了，对于考证的事业，很不注意，尤其没有怀疑的精神。我们若想在儒家方面找辨伪的遗迹，几乎是不可能的（中间只有郭象对于《庄子》外篇、杂篇怀疑）。但若转移眼光到研究佛教的人身上去，便可以知道他们对于佛经的伪书是非常的注意。东晋的道安编佛经目录，把可疑的佛经，另外编入一门，叫做《疑经录》。因为他这样，所以后来编佛经的都很注意伪书了。

隋《众经目录》乃合沙门及学士等撰，分别五例，第四例是疑伪，专收可疑或确伪的佛经，也是依道安的成例。又有一部别本《众经目录》，是沙门法经做的，把三藏分做六部，每部又分六节，第四、五节叫做疑惑、伪妄，把疑惑的佛经从伪妄的佛经分出，比较佛经目录、隋《众经目录》更加精细，更加慎重了。从这点看，隋唐间的佛经目录学发达到最高度，只要佛经稍有可疑，决不容他和真经淆混。却不幸中唐编《开元释教录》，只知贪多，不知辨伪，把法经已认为伪的书也编入真书里，毫无分别，从此佛经辨伪学便渐渐衰微了。

李唐一代，经学家笃守师法，不能自出别裁；文学家专喜创造，不肯留心往迹。我们若想从中唐以前找一个切实的用科学精神来研究古书的人是不可能的，辨伪的学者，更不必说了。中唐以后，风气转变，大家已感觉注疏家的琐碎拘牵。赵匡、啖助对于《春秋》的研究，便已不是墨守师法，已别开生面了。大家苦于注疏的呆板，不能不在经书以外另找别的古书——子书——来满足自己的学问欲。既须找了，便不能不对于古书加以辨别或批评。这种趋势，可举柳宗元做一个代表。柳宗元虽是一个文学家，虽和韩愈齐名，但他对于社会政治，都有特别见解，比韩愈来得强。而且喜欢研究古书，怀疑古书。他断定《鹖冠子》、《亢仓子》、《鬼谷子》、《文子》、《列子》是伪书，他断定《晏子春秋》是墨子之徒有齐人者做的，都很的确。然柳宗元虽能辨子书之伪而却不能大胆的怀疑经书。比他更早而能疑古惑经的，武则天的时代已出了一位史学家刘知几。刘知几罗列许多证据，指出《尚书》、《春秋》、《论语》、《孟子》对于古史的妄测虚增或矛盾错谬，直接的笼统的攻击五经和上古之书真伪不分，贻惑后世。在那种辨伪学衰微已久的空气中，首先引导学者做自由的研究，开后来的风气的，刘知几总是头一个，不能不令我们佩服。

到了宋朝，辨伪学便很发达了。宋人为学的方法，根本和汉人不同。他们能够自出心裁去看古书，不肯墨守训诂，不肯专取守一先生之言的态度。他们的胆子很大，汉唐人所不敢说的话，他们敢说；前人已经论定的名言，他们必求一个可信不可信。在这种风气之下，产生了不少的新见解，实在是宋人的特别处。我们考究他的渊源，却不能不认他们受了啖助、赵匡、柳宗元的影响。

宋人最先怀疑古书的是欧阳修，他做了一篇《易童子问》。《易经》的《系辞》、《文言》、《说卦》、《序卦》、《杂卦》向来认为孔子做的，价值在《论语》之上。他却根本不相信这说而推翻之。此外对于《左传》、《周礼》，都有怀疑的批评。他总不愧为北宋辨伪学者的第一个。此外王安石、苏轼、司马光都能表示这种解放的自由研究的精神，都有疑古辨伪的成绩，我们也不必详讲了，——如王安石疑《春秋》、司马光疑《孟子》之类。

南宋朱熹，一方面是两宋道学的集大成者，一方面是注解古书用功最多的人。他不但不给古来的注疏拘牵，而且很大胆的表彰吴棫怀疑《古文尚书》不是真书的论调。自从他们提出这问题以后，经过许多学者的研究，到了清初阎若璩才完全证实了。阎若璩的成功，不能不赖吴棫、朱熹的发问。这可见朱熹在辨伪学的价值了。此外他对于《周礼》和先秦诸子也提出了很多疑问。虽然他所注的书也不免有假的，但他开后来怀疑辨伪的路，在南宋总是第一人。

和朱熹同时的，有叶适。他著的《习学记言序目》，对于经部许多书都很怀疑，也不相信《易经》的"十翼"是孔子做的。对于诸子如《管子》、《晏子》、《孙子》、《司马法》、《六韬》、《老子》都有所论辨，而且很有价值，观察的方法也很对。

朱、叶以后，陈振孙著《直斋书录解题》，晁公武著《郡斋读书志》，王应麟著《汉书艺文志考证》，虽然是一种书目，同刘向的《别录》、刘歆的《七略》一样，却都能够对于伪书提出许多怀疑的论调和问题，供后人的探讨。固然他们所说的多半引用前人之说，但他们自己所发明的也已不少。这三部书至今尚存，他们的功绩是不可磨灭的。此外，朱熹的再传弟子黄震著了一部《黄氏日抄》，里头很有几条是辨伪《古文尚书》的，有几条是辨伪诸子的。

另外还有一位赵汝楳，著了一部《周易辑闻》，专辨"十翼"不是孔子做的，比欧阳修还更彻底。这些都是南宋的人，可见南宋的辨伪学很发达。

元朝在文化史上是闰位，比较的任何学术都很少贡献，在辨伪方面也是如此，所以现在不讲。

明初宋濂著《诸子辩》一卷，辨别四十部子书的真伪。从前的人往往在笔记文集或书目中带说几句辨伪的话，没有专著一卷书来辨许多书的伪的，宋濂却和前人不同。我们可以说，专著一书以博辨群书的，宋濂是第一个。

明朝中叶，梅鷟著《尚书考异》，认《伪古文尚书》二十五篇是皇甫谧做的。自朱熹以后，数百年无人注意《尚书》的真伪，到了他才首先发难，渐渐的用科学方法来辨伪，开了后来辨伪的许多法门。虽然结论错了，而价值还是不小。此外，焦竑的《笔乘》，王世贞的《四部乙藁》也有些辨伪书的话。

晚明出了一位辨伪大师，叫做胡应麟，著了一部《四部正讹》。宋濂的《诸子辩》不过是文集里的长篇文章，仍旧放在杂著之部，而且没有博辨群书的真伪，发明通用的方法，还不算专书。专著一书去辨别一切伪书，有原理有方法的，胡应麟著《四部正讹》是第一次。他所辨的书，固然不多，他所辨别的真伪，固然不能完全靠得住，但经史子集四部的书，大都曾经过他的研究而可供后人的参考。他那部书的开首几段说明辨伪的需要，伪书的种类和来历，和我前次讲的略同，我也略采他的意见。那书的末尾几段讲辨伪的方法，应用的工具，经过的历程。全书发明了许多原理原则，首尾完备，条理整齐，真是有辨伪学以来的第一部著作。我们也可以说，辨伪学到了此时，才成为一种学问。

清朝学术极发达，因为一般学者大都能用科学方法去整理古书。这种科学精神的发动，很可以说是从辨伪引导出来的。其中辨伪最有名的是阎若璩、胡渭。阎若璩的最大功劳是著了一部《尚书古文疏证》，把《伪古文尚书》的案件，从朱熹、梅鷟、胡应麟等所怀疑而未能决定的，用种种铁证证明了，正式宣告伪古文的死刑。同时惠栋也著了一部《古文尚书考》，和阎若璩的结论一样。从此没有人相信《伪古文尚书》了。

胡渭著《易图明辨》，专辨宋朝所传的《太极图》、《河图》、《洛书》，用种种方法证明那是宋初时和尚道士，东拉西扯，胡乱凑成的，和周公、孔子、汉人、唐人全无关系，把宋朝以后的所谓易学的乌烟瘴气都扫清了。这书和《尚书古文疏证》在现在看来，虽是粗疏的地方很多，而其实事求是的精神，实开后来一般学者用科学方法治学的先声，是不可磨灭的。但这种专攻一书的书，和《四部正讹》的性质不同。前者利用已经成立的原则，已经发明的方法，去判决一部书的真伪问题；后者因辨别种种伪书，从而发明种种方法，成立种种原则，而皆是最有力的辨伪书。同时有二部和《四部正讹》性质相同的书，一部是万斯同的《群书疑辨》，一部是姚际恒的《古今伪书考》。万斯同是史学大家，他那书对于《周礼》、《仪礼》、《左传》、《易传》等书，都有怀疑的论辨，其他诸书经他判别的也很多。而他的长兄斯大专著一部《周官辨非》，辨《周礼》是伪书，尤其彻底。姚际恒那部书的体例和《四部正讹》相差不远，所辨的伪书却较多。他究竟曾见《四部正讹》与否，还未能决定，但他的胆子比胡应麟大得多。胡应麟辨经解子史诸集的伪，却不敢疑经的本文，他可不客气的根本攻击《周礼》、《毛诗》等书，直疑其伪。他又做了《九经通论》，很详细的辨别九经的真伪，可惜已残逸大半了。《古今伪书考》辨别九十二部书的真伪，虽然有些不很重要的书经他研究，而且没有发明多少原则，似乎比《四部正讹》的价值较低，但同是最重要的辨伪书，同是我们所不可不参考的，诸君可以拿来看看。好在那二书的篇幅很少，有二天的时间就可看完，看了可以知道伪书的大概和辨别的方法。如欲训练自己的脑筋，利用原有的方法，去辨别一书的真伪，那么，《尚书古文疏证》和《易图明辨》都很可以帮助我们。

　　上面说的阎若璩、胡渭、万斯同、姚际恒、惠栋五人，可以做清初辨伪学的代表。到了乾隆时代，这种辨伪风气仍旧很盛。其中孙志祖著了一部《家语疏证》，范家相著了一部《家语证讹》，把《孔子家语》是王肃伪造的公案宣布了。《家语疏证》的体例和《尚书古文疏证》一样，都是取《汉书·儒林传》"疏通证明之"之义。这种工作，因辨《古文尚书》之伪而牵连到《尚书》孔安国注、《论语》孔安国注、《孝经》郑玄注，渐渐的都证明是假的了。

同时出了一位名声很小的辨伪大家，就是著《考信录》的崔述。他把春秋以后诸子百家传说的古事，一件一件的审查，辨别那是真的，那是假的，使得古史的真相不致给传说遮蔽。他虽然专辨伪事，却也不能不顺带辨伪书；他虽然迷信五经、《论语》、《孟子》，却也不能不疑其一小部分。他辨伪的方法，除了"考信于六艺"以外，还有许多高妙的法门。他解释作伪的原因，能够求得必要的条件。尤其是他那种处处怀疑、事事求真的精神，发人神智，实在不少。他的遗书，百年来看见的人很少，最近才有人表扬刊布，使史学界发生很大的影响。

嘉庆以后，辨伪的方向稍稍变了。西汉今古文之争，经过了西汉末诸儒的调和，已消沉了千余年，到了此时忽然又翻案了。翻案最有力的人是刘逢禄、魏源。刘逢禄治公羊之学，认《春秋公羊传》是可靠，疑《左氏传》是伪书，著了一部《左氏春秋考证》，对于《春秋》古文家起了一种反动。魏源著了一部《诗古微》，不相信《毛诗》而宗齐、鲁、韩三家。又著了一部《书古微》，不特认《伪古文尚书》是假的，而且根本疑《汉书·艺文志》"《古文尚书》十六篇"全是假的。他们所发的问题，都和清初不同。王肃造《伪古文尚书》，清初已破案，王肃造的许多伪书也跟着辨清了。刘歆造伪，颠倒五经的公案，到了刘逢禄、魏源才发生问题，比清初更进一步了。

有清之末，吾师康南海先生专著一部《新学伪经考》，把西汉迄清今古文之争算一个总账，认西汉新出的古文书全是假的，承刘、魏之后而集其大成，使古书的大部分如《周礼》、《左传》、《毛诗》、《毛诗传》和刘歆所改窜的书根本摇动，使当时的思想界也跟着发生激烈的摇动，所以当时的人没有不看他是怪物的。他提倡维新变法，固然振荡人心，他打倒历代相传神圣不可侵犯的古经，尤其使人心不能不激变。清末更无人可以和他比较了。

最近疑古最勇，辨伪最力的，可举二人作代表。一个是胡适，一个是钱玄同。我们看辨伪学者的手段，真是一步比一步厉害。康南海先生比较刘逢禄、魏源已更进步了，胡适比康先生又更进一步，到了钱玄同不但疑古，而且以改姓疑古，比胡适又更彻底了。他们的成绩虽不很多，但怀疑的精神，已因他们的鼓吹而遍入学术界。

至于我，虽然勇于疑古，比起他们，也已瞠乎其后。我生性便如此，一面尽管疑古，一面仍带保守性。当我少年帮助康先生做《新学伪经考》的时候，虽得他的启发思想的补助不少，一面也疑心他不免有些武断的地方，想修正其一部分。最近对于胡适、疑古钱玄同等用科学的方法和精神提出无人怀疑的许多问题，虽然不能完全同情，最少认为有力的假定，经过了长期的研究，许有一天可以证实的。但如钱玄同之以疑古为姓，有一点变为以疑古辨伪为职业的性质，不免有些辨得太过，疑得太过的地方。我们不必完全赞成他们辨伪的结论，但这种精神，总是可贵的。他们辨伪的结论，若有错了的，自然有人出来洗刷，不致使真事真书含冤；若不错，那么伪事伪书便无遁形了。所以我们如努力求真，这种辨伪学的发达是大有希望的。

第四章　辨别伪书及考证年代的方法

《四部正讹》的最后，论辨伪之法有八：

"凡核伪书之道，核之《七略》，以观其源；核之群志，以观其绪；核之并世之言，以观其称；核之异世之言，以观其述；核之文，以观其体；核之事，以观其时；核之撰者，以观其托；核之传者，以观其人。核兹八者，而古今赝籍，无隐情矣。"

这段话发明了辨伪的几个大原则，大概都很对。我现在所讲的略用他的方法，而归纳为两个系统：

甲、就传授统绪上辨别。

乙、就文义内容上辨别。

一则注重书的来源，一则注重书的本身。前者和《四部正讹》的第一、第二、第七、第八，四个方法相近；后者和《四部正讹》的第三、第四、第五、第六，四个方法相近。而详略重轻，却各不同。

甲　从传授统绪上辨别

这有八种看法。

一、从旧志不著录，而定其伪，或可疑。最古的志，——最古的书目，是西汉末刘歆的《七略》和东汉初班固的《汉书·艺文志》（略称《汉志》）。《汉志》，是依傍《七略》做的，相距的时代很近，所以《七略》虽亡，《汉志》尽可代他的功用。我们想研究古书，在秦始皇以前的情形和数目，是没有法子考证的。因为古书的大半，都给秦始皇、楚霸王烧掉了。西汉一代，勤求古书，民间藏匿的书，都跑到皇帝的内府——中秘——去了。刘歆编校中秘之书，著于《七略》。他认为假的而不忍割爱的则有之，有这部书而不著录的却没有。我们想找三代先秦的书看，除了信《汉志》以外，别无可信。所以凡刘歆所不见而数百年后忽又出现，万无此理。这个大原则的唯一的例外，便是晋朝在汲郡魏襄王冢所发现的书，的确是刘歆等所未看见，《汉志》所未著录的。我们除汲冢书以外，无论拿著一部什么古书，只要是在西汉以前的，应该以《汉志》有没有这部书名，做第一个标准，若是没有，便是伪书，或可疑之书。

譬如《子夏易传》,《汉志》没有,《隋书·经籍志》(略称《隋志》)忽有。汉人看不见的书,如何六朝人能见之?又如《子贡诗传》,《汉志》、《隋志》和宋朝的《崇文总目》都没有,明末忽然出现,从前藏在何处?又如《连山》、《归藏》,《汉志》都没有,《隋志》忽有《归藏》,《唐志》忽有《连山》。假使夏、商果有此二书,为甚么《汉志》不著录?又如伪《古文尚书》孔安国《传》,《汉志》和《史记》、《汉书》的列传都没有说,东汉末的马融、郑玄,晋初的杜预都没有见。假使孔安国果然著了此书,为甚么从同时的人起一直到晋初的人止都不见,而东晋人反得见?又如《鬼谷子》,《汉志》无,《隋志》有;《亢仓子》,《汉志》、《隋志》都无,《崇文总目》忽有。这都是最初不录,后来忽出,当然须怀疑,而辨其伪。

二、从前志著录,后志已佚,而定其伪,或可疑。如《关尹子》,《汉志》著录,说有九篇;《隋志》没有。《汉志》虽然有之,真伪尚是问题。六朝亡了,所以《隋志》未录。而后来唐末宋初,忽然又有一部出现。如果原书未亡佚,那么隋朝牛弘能见万种书而不能见《关尹子》,唐朝数百年,没有人见《关尹子》,到了宋初,又才发现,谁能相信?这种当然是伪书。

三、从今本和旧志说的卷数篇数不同,而定其伪,或可疑。这有二种,一是减少的,一是增多的。减少的,如《汉志》有《家语》二十七卷,到了《唐书·艺文志》(略称《唐志》),却有王肃注的《家语》十卷。所以颜师古注《汉志》说,非今所有《家语》。可见王注绝非《汉志》原物。又如《汉志》已定《鬻子》二十二篇,为后人假托,而今本《鹖子》，才一卷十四篇。又说《公孙龙子》有十四篇，而今本才六篇。又说《慎子》有二十四篇，而《唐志》说有十卷，《崇文总目》说有三十七篇，而今本才五篇。这都是时代愈近，篇数愈少。这还可以说也许是后来亡佚了。又有一种，时代愈后，篇数愈多的，这可没有法子辨，说他不是伪书。如《鹖冠子》，《汉志》才一篇，唐朝韩愈看见的，已多至十九篇，宋朝《崇文总目》著录的，却有三十篇。其实《汉志》已明说《鹖冠子》是后人假托的书，韩愈读的，又已非《汉志》录的，已是伪中伪；《崇文总目》著录的，又非韩愈读的，更是伪中的伪又出伪了。又如《文子》，《汉志》说有九篇，马总《意林》却说有十三篇。这种或增或减，篇数已异，内容必变，可以决定是伪书，最少也要怀疑，再从别种方法，定其真伪。

四、从旧志无著者姓名而定后人随便附上去的姓名是伪。如《文子》，《汉志》没有著者姓名，马总《意林》说是春秋末范蠡的老师计然做的，而且说计然姓章。汉人所不知，唐人反能知之。其实《文子》本身已是伪书，窃取《淮南子》的唾余而成，何况凭空又添上一个不相干的人名呢？

五、从旧志或注家已明言是伪书，而信其说。如《汉志》已有很多注明依托，他所谓依托的，至少已辨别是假，那种书大半不存，存的必伪。又如颜师古注《汉志》《孔子家语》说："非今所有《家语》。"他们必有所见，才说这个话，我们当然不能信他所疑的伪书。又如隋《众经目录》，编《大乘起信论》于疑惑类，说"遍查真谛录，无此书"。法经著隋《众经目录》时，距真谛死，不过三十年，最少可以证明这书不是真的。

六、后人说某书出现于某时，而那时人并未看见那书，从这上可断定那书是伪。如《伪古文尚书》十六篇，说是西汉武帝时发现的，孔安国曾经作传，东汉末马融、郑玄又曾经作注。其实我们看西汉人引《尚书》的话，都不在伪古文十六篇之内，而马融《尚书注》虽然佚了，现在也还保留一点，并没有注那十六篇。他们常引佚书，在今本伪古文十六篇之内。可见马、郑以前的人，并没有看见今本《伪古文尚书》，一定是三国以后的人假造的。不但如此，杜预是晋初的人，他注《左传》也常引佚书，而不言《尚书》，可见《伪古文尚书》，还在他以后才出现。而造假的，偏想骗人，说是西汉出现的真书，谁肯相信呢？

七、书初出现，已发生许多问题，或有人证明是伪造，我们当然不能相信。如张霸伪造的百两《尚书》，不久即知其伪。《尚书·泰誓篇》，从河间女子得来，马融当时便已怀疑。这种书若还未佚，我们应当注意。

八、从书的来历暧昧不明，而定其伪。所谓来历暧昧不明，可分二种：一是出现的，二是传授的。前者如《古文尚书》，说是出于壁中，这个壁不知是谁的壁。有人说秦始皇焚书，伏生藏书壁中，到了汉朝，除藏书之禁，打开壁，取出书来，却已少了许多了。有人说孔子自己先知将来有一个秦始皇会焚他的书，预藏壁中，到了汉鲁共王，拆坏孔子的屋子，在壁间发现了《古文尚书》、《礼记》、《论语》、《孝经》等书。这二说都出于《汉书》，究竟那说可信呢？像这类出现的，来历不明的很多。如《尚书》的《舜典》，说是从大航头找得，其实不过把《尧典》下半篇分出来，加上二十八字，而另成一篇。又如张湛注《列子》，前面有一篇叙，说是当五胡乱华时，从他的外祖王家得来的孤本，后来南渡长江，失了五篇，后又从一个姓王的得来三篇，后来又怎样得来二篇，真是像煞有介事。若《列子》果是真书，怎么西晋人都不知道有这样一部书？像这种奇离的出现，我们不可不细细的审查、根究，而且还可以径从其奇离，而断定为作伪之确证。

至于传授的暧昧，这类也很多。如《毛诗小序》的传授，便有种种的异说：有的说子夏五传至毛公，有的说子夏八传至毛公，有的说是由卫宏传出的。我们从这统绪纷纭上，可以看出里面必有毛病。这种传授时出现的暧昧，都可以给我们以读书得间的机会，由此追究，可以辨别书的真伪。

乙　从文义内容上辨别

上面讲的注重书的来历，现在讲的注重书的本身。从书的本身上辨别，最须用很麻烦的科学方法。方法有五。

一、从字句罅漏处辨别。作伪的人常常不知不觉的漏出其伪迹于字句之间，我们从此等小处著眼，常有重大的发现，其年代错题者也可从这些地方考出。这又可分三种看法。

（子）从人的称谓上辨别。这又可分三种：

（A）书中引述某人语，则必非某人作。若书是某人做的，必无"某某曰"之词。例如《系辞》、《文言》说是孔子做的，但其中有许多"子曰"。若真是孔子做的，便不应如此。若"子曰"真是孔子说，《系辞》、《文言》便非孔子所能专有。又如《孝经》，有人说是曾子做的，有人直以为孔子做的。其实起首"仲尼居，曾子侍"二句便已讲不通。若是孔子做的，便不应称弟子为曾子。若是曾子做的，更不应自称为子而呼师之字。我们更从别的方法可以考定《孝经》乃是汉初的人所做，至少也是战国末的人所做，和孔、曾那有什么关系呢？

（B）书中称谥的人出于作者之后，可知是书非作者自著。人死始称谥，生人不能称谥，是周初以后的通例。管仲死在齐桓公之前，自然不知齐桓公的谥。但《管子》说是管仲做的，却称齐桓公，不称齐君、齐侯，谁相信？商鞅在秦孝公死后即逃亡被杀，自然无暇著书，若著书在孝公生时，便不知孝公的谥。但《商君书》说是商鞅做的，却大称其秦孝公。究竟是在孝公生前著的呢，还是在孝公死后著的？

（C）说是甲朝人的书，却避乙朝皇帝的讳，可知一定是乙朝人做的。汉后的书对于本朝皇帝必避讳。如《晋书》是唐人修的，所以避李渊、李虎的讳，改陶渊明为陶泉明，改石虎为石季龙。假使不是唐人的书，自然不必避唐帝的讳。《元经》却很奇怪，说是隋朝王通做的，却也称戴渊为戴若思，石虎为季龙，是什么道理？又如汉文帝名恒，所以汉人著书，改恒山为常山，改陈恒为陈常。现在《庄子》里面却也有陈常之称。这个字若非汉人抄写时擅改，一定这一篇或这一段为汉人所窜补的了。

（丑）用后代的人名地名朝代名。这也可分三种：

（A）用后代人名。例如《尔雅》，一部分是叔孙通做的，一部分是汉初诸儒做的，大部分到了西汉末才出现，而汉学家推尊为周公的书。那书里有"张仲孝友"的话，张仲分明是周宣王时人，周公怎么能知道他呢？又如《管子》有西施的事，西施分明是吴王夫差时人，管仲怎么能知道她呢？又如《商君书》有魏襄王的事，魏襄王的即位在商鞅死后四十余年，怎么能够让商鞅知道他的谥法呢？由这三条，便可证明《尔雅》非周公所作，《管子》非管仲所作，《商君书》非商鞅所作。

（B）用后代地名。例如《山海经》说是大禹、伯益做的，而其中有许多秦汉后的郡县名如长沙、成都之类，可见此书至少有一部分是汉人所做或添补的。我们又可从地名间接来观察《左传》讲的分野，那十二度分野的说法，完全是战国时的思想。因其以国为界，把战国时大国如魏、赵、韩、燕、齐、秦、楚、越等分配给天上的星宿，说某宿属某国，可知是战国时的产品。当春秋时，赵、魏、韩还未成国，越、燕还很小，怎么可当星宿的分野呢？我们从《左传》讲分野这点，可以说《左传》不是和孔子同时的左丘明做的。至少也可以说，《左传》即使是左丘明做的，而讲分野这部分，一定是后人添上去的。

（C）用后代朝代名。我国以一姓兴亡为朝代，前代人必不能预知后代名。但是《尧典》却有"蛮夷猾夏"的话，夏乃大禹有天下之号。固然，秦以前的外民族号本民族为夏，汉以后的外族称本族为汉，唐以后的外族称本族为唐，我们现在还是自称汉人，华侨现在还是自称唐人，但都是后代人称前代名，没有前代人称后代名的。《尧典》却很可笑，却预知本族可称夏，这不是和宋板《康熙字典》同一样笑话吗？我们看那篇首不是分明说了"曰若稽古帝尧"么，加以现在这层证据，可知一定是夏商以后、孔子以前的人追述的。而后人却说《尧典》等篇非尧、舜的史官不能做到这样好，岂非笑话。

（寅）用后代的事实或法制。这可分二种：

（A）用后代的事实。这又可分三种：

（a）事实显然在后的。如《商君书》有长平之战，乃商鞅死后七十八年之事，可知是书是长平之战以后的人做的。又如《庄子》说过"田成子杀其君，十二世而有齐国"的话，自陈恒到秦灭，齐恰是十二世，到庄周时代不过七八世，庄周怎么能知陈氏会有齐十二世呢？这可知那篇一定是秦汉间的人做的，否则不致那么巧。又可知《庄子》虽然是真的，外篇却很多假的，必须细细考证一番。

（b）豫言将来的事显露伪迹的。这类《左传》最多。《左传》好言卜卦，卜卦之辞没有不灵验的。如陈敬仲奔齐，懿仲欲妻以女，占曰："……有妫之后，将育于姜。五世其昌，并于正卿。八世之后，莫之与京。"和后来的事实一一相符。即使有先见之明，也断断不致如此灵验。这分明是在陈恒八世孙以后的人从后附会的，那里是真事！又如季札观乐上国，批评政治的好坏，断定人事的兴衰，没有一句不灵验的。当时晋六卿还是全盛，他却说三家将分晋。当是齐田氏有齐以后的人追记其事时，乐得说好些以显其离奇灵验。我们正可以离奇灵验的记载做标准而断定这些话之靠不住。

（c）伪造事实的。例如《文中子中说》把隋、唐阔人都拉在他——王通——门下，说仁寿二年曾见李德林，又曾遇关朗。其实李德林之死，在仁寿二年之前九年，关朗乃早百二十余年的人，何能看见王通？此外如房玄龄、杜如晦、李靖……都说是王通的弟子，而他书一无可考。从各方面观察，可知《文中子中说》是伪书。若真是王通做的，则王通是一钱不值的人。若是别人为王通捧场而做的，则伎俩未免太拙了。

以上三种，（a）是与事实不符，（b）是假托预言，（c）是纯造谣言。只要我们稍为留心，便可识破伪迹。

（B）用后代的法制。例如《亢仓子》说"衰世以文章取士"。以文章取士，乃六朝以前所无，唐后始有。亢仓子是庄周的友，战国时人，怎么知有考八股的事呢？从此，可知一定是唐以后的人做的。又如《六韬》有"帝避正殿"之事。避正殿乃先秦以前所无，汉后始有。《六韬》说是周初的书，周朝那有此种制度呢？从此，可知是汉以后的人做的。凡是朝廷的制度法律，社会的风俗习惯，都可以此例做标准，去考书的真伪和年代。

二、从抄袭旧文处辨别。这可分三种。

（子）古代书聚敛而成的。战国时有许多书籍并非有意作伪，不过贪图篇幅多些，或者本是类书，所以往往聚敛别人做的文章在一处。这可分二种：

（A）全篇抄自他书的。例如《大戴礼记》有十篇说是曾子做的，而《曾子·立身篇》却完全从《荀子》的《修身》、《大略》两篇凑成。我们已经知道《荀子》书是很少伪杂的，《修身》、《大略》的见解尤其确乎是荀子的。那么，《曾子·立身篇》一定是编《大戴礼记》的人抄自《荀子》无疑。又如《韩非子·初见秦篇》完全和《战国策·秦策一》的第四段相同，只是这里说是韩非的话，那儿又说是张仪的话，有点差异。其实韩非是韩的诸公子，不致说《初见秦篇》那种昧心话，去和敌国设计灭祖国。我们看那篇后的《存韩篇》，极力想保存韩国，便知韩非决不致有这样矛盾的主张，那篇一定是编书的人抄自他书的。但《战国策》本身和类书一样，他把那篇嫁往张仪身上，其实篇中已有张仪死后四十九年的事，张仪怎么能领受呢？大概《初见秦篇》本是单篇流行的无名氏游说辞，因为文章做得好，编《战国策》和《韩非子》的人，便都把它收入去了。此外又如《鹖冠子》，分明是伪书。据韩愈所分，前三卷，中三卷，后二卷，而前卷完全自《墨子》抄来，实在太不客气了。

（B）一部分抄自他书的。此类极多，例如《商君书·弱民篇》"楚国之民齐疾而均速"以下一段，又见于《荀子·议兵篇》，批评各国的国民性。但《荀子》是真书，而且《议兵篇》是荀子和赵临武君对谈的话，口气很顺。《商君书》本身已有些部分可疑，而《弱民篇》又不似著述的体裁。我们可从此断定是编《商君书》的人抄袭《荀子》的一段。此外也不多举例了。

（丑）专心作伪的书剽窃前文的。有意作伪的人想别人相信他，非多引古书来换杂不可。例如《伪古文尚书》是东晋时人做的，因当时逸书很多，而造伪者只要有一点资料可采，便不肯放过，采花酿蜜似的，几无痕迹可见。清儒有追寻伪古文出处的，也几乎都能找到他的老祖宗。自宋儒程、朱以来，所认最可宝贵的十六字"人心惟危，道心惟微，惟精惟一，允执厥中"，据他们说，真是五千年前唯一的文化渊源了。但我们若寻他的出处，便知是从《荀子·解蔽篇》、《论语·尧曰篇》的几句话凑缀而成。《解蔽篇》引《道经》曰："人心之危，道心之微。"《尧曰篇》述尧命舜之言曰："允执其中。"伪造者把二处的话联缀一处，把之字改为惟字，加上一句"惟精惟一"，便成了十六字传心秘诀，其实那里真有这回事呢！又如《列子》有十之三四和《庄子》相同，并且有全段无异的。列子虽似是庄子的先辈，但庄子叙述列子，是否和叙述混沌、儵忽一般的是寓言，已是问题。假使真有列子其人，则庄子是盗窃先辈的书，而庄子决不致如此。庄子是创作家，文章思想都很好。我们看《列子》、《庄子》大同小异处，《列子》或改或添总是不通。唐以后的古文家说《列子》的文章比《庄子》还更离奇，其实所谓离奇处正是不通处。我们从这上便正可以证明是《列子》抄《庄子》而非《庄子》抄《列子》了。

还有一个最奇怪的例。《文子》完全剽窃《淮南子》，差不多没有一篇一段不是《淮南子》的原文，只把篇目改头换面。如《淮南子》第一篇是《原道》，他却改为《道原》，真是无聊极了。像这类的书，没有一点价值可说，焚毁也不足惜。

（寅）已见晚出的书而剽袭的。例如《焦氏易林》说是焦延寿做的。焦延寿是汉昭帝、宣帝时人，那时《左传》未立学官，普通人都看不见。现在《易林》引了《左传》许多话。其实《左传》到汉成帝时才由刘歆在中秘发见，焦延寿怎么能看见《左传》呢？这分明是东汉以后的人见了那晚出的《左传》才假造的。又如《列子·周穆王篇》，完全和《穆天子传》相同。前人疑《列子》是假书，《四库全书提要》因这层便说似是真书。其实我们却正可因这层说他必伪无疑。因为《穆天子传》至晋太康二年才出土，伪造《列子》的张湛刚好生在其后不久。张湛见了《穆天子传》，才造《周穆王篇》，和东汉后人见了《左传》，才造《易林》，有什么不同呢？

三、从佚文上辨别。有些书因年代久远而佚散了，后人假造一部来冒替。我们可以用真的佚文和假的全书比较，看两者的有无同异，来断定书的真伪，现在分二种讲。

（子）从前已说是佚文的，现在反有全部的书，可知书是假冒。例如《伪古文尚书》每篇都有许多话在马融、郑玄、杜预时已说佚文的。马、郑在东汉且不能见全书，怎么东晋梅赜反能看见呢？只此消极的理由，便可证明那书是西晋人假造的了。

（丑）在甲书未佚以前，乙书引用了些，至今犹存，而甲书的今本却没有或不同于乙书所引的话，可知甲书今本是假的。例如《竹书纪年》是晋太康三年在汲郡魏家冢发现的，《晋书·束皙传》记其书和旧说不同的有夏年多殷，启杀伯益，太甲杀伊尹，文丁杀季历等事，当时很有人因此疑竹书为伪。殊不知造伪者必不造违反旧思想之说，姑且勿论。今本却因其事违反旧说而完全删改，一点痕迹找不着了。可知今本《竹书纪年》必不是晋时所发现的。又如《孔子家语》，从前已说过，颜师古注《汉书》已说"非今所有《家语》"。古本真伪，已不能确考。但《左传正义》引《观周篇》，说是沈文炳《严氏春秋》引的，杜佑《通典》六十九亦引了崔凯所引的，那些话都是今本所没有。可知今本是假的，而造伪的王肃已不曾见到古本。像这类古本虽佚，尚存一二佚文于他书，我们便可引来和今本比较，便考定今本的真伪了。

四、从文章上辨别。这可分四项。

（子）名词。从书名或书内的名词可以知道书的真伪。例如《孝经》，大家说是曾子做的，甚至说是孔子做好而传给曾子的。姚际恒辨之曰："诸经古不系以经字，惟曰《易》、曰《诗》、曰《书》，其经字乃俗所加也。自名《孝经》，自可知其非古。若去经字，又非如《易》、《书》、《诗》之可以一字名者矣。班固似亦知之，曰：'夫孝，天之经，地之义，民之行也。举其大者言，故曰《孝经》。'此曲说也，岂有取'天之经'经字配孝字以名书，而遗去天字，且遗去'地之义'诸句者乎？"我们单根据这条，便可知《孝经》决不和孔子、曾子有直接的关系了。

还有个可笑的例。释迦牟尼讲佛法，都由他的十大弟子传出。所以佛经起首多引十大弟子的一人，说"如是我闻，一时佛在……与大弟子某某俱……"。十大弟子有一个叫做优波离，和婆罗门教的哲学书《优波尼沙》只差一字。现在有一部《楞严经》起首就说"如是我闻优波尼沙说"，竟把反对佛教的书名当做佛弟子的人名了。这种人名书名的分别，只要稍读佛经者便可知道，而伪造《楞严经》者竟混而为一，岂非笑话。

（丑）文体。这是辨伪书最主要的标准。因为每一时代的文体各有不同，只要稍加留心便可分别。即使甲时代的人模仿乙时代的文章，在行的人终可看出。譬如碑帖，多见多临的人一看便知是某时代的产物。譬如诗词，多读多做的人一看便知是某时代的作品。造伪的人无论怎样模仿，都不能逃真知灼见者的眼睛。

这种用文体辨真伪或年代的工作，在辨伪学中很发达。《汉书·艺文志》"大禹三十七篇"下，班固自注云："传言禹所作，其文似后世语。"这类从文章辨说书的假冒，不止一条。后汉赵岐删削《孟子》外篇四篇，说"其文不能闳深，不与内篇相似"。晋郭象删削《庄子》许多篇，也从文体断定不是庄子做的。《伪古文尚书》最初何以有人动疑，也因为《大诰》、《洛诰》、《多士》、《多方》太诘屈聱牙，而《五子之歌》、《大禹谟》却可歌可诵，二者太悬殊了。如果后者确是夏初的作品，这样文从字顺，而前者是商周的作品反为难读，未免太奇怪了。固然也有些人喜用古字古句，如樊宗师、章太炎的文章，虽是近代而也很难读，但我们最少可以看出是清朝人的文章，若指为汉文则终不似。而除这些人以外，大多数人的文章总是时代越近越易懂。《伪古文尚书》便违反了这个原则，那几篇说是夏商的反较商周的为易懂，所以不能不令人怀疑而辨伪了。

此外又如苏轼说《马蹄篇》和《庄子》他篇不似而以为伪，固未必是，但《庄子》内篇和外篇文体不同，可知必非一人所作。又如《孝经》、《鹖子》、《子华子》、《亢仓子》，一望而知为秦汉之文，非秦汉人不能做到那样流丽。《关尹子》更可笑，竟把六朝人翻译佛经的文体伪托先秦。所以我们从文体观察，可使伪书没有遁形，真妙的很。

上面辨的是关于思想方面的书，若从文体辨文学作品的真伪，则越加容易。例如《古诗十九首》，前人说是西汉枚乘做的。若依我的观察，《十九首》的诗风完全和建安七子相同，和西汉可靠的五言诗绝异。西汉《铙歌》如十八章音节腔调绝对不似《十九首》，东汉前期的作品亦不相类。《十九首》中如古洛、东门、北邙等名词都是东汉以后才习用，也可作一证。即以文体而论，亦可知不特非西汉作品，且非东汉前期作品也。又如词的起源，中唐刘禹锡、白居易始渐渐增减诗句而为之，字语参差，只有单调，到了晚唐才有双调。李白生在中唐，却能做《菩萨蛮》、《忆秦娥》那样工整的双调词，岂不可怪？倘使李白的词是真的，怎么中唐至唐末百余年间没有一人能做他那样的词，一直到温庭筠才试做，还没有十分成熟呢？

真的讲，像这种从文体辨伪书的方法，真妙的很，却难以言传。但这个原则是颠扑不破的。如看字看画看人的相貌，有天才或经验的人暗中自有个标准。用这标准来分别真伪年代或种类，这标准十分可靠，但亦不可言说，只有多经验。经验丰富时，自然能用。我自己对于碑帖便有这种本领，无论那碑帖这样的毫无证据可供我们考其年代，我总可从字体上断定是何时代的产品，是何代前期的或后期的。无论造伪碑帖的人怎样假冒前代，和真的混杂一起，我总可以分别他孰真孰伪。辨古书的真伪和年代，我也惯用此法。

（寅）文法。凡造伪的不能不抄袭旧文，我们观察他的文法，便知从何处抄来。例如《中庸》说是子思做的，子思是孟子的先生，《中庸》似在《孟子》之前。但依崔述的考证，《中庸》却在《孟子》之后。证据很多，文法上的也有一个。崔述把《中庸》、《孟子》相同的"在下位不获乎上……"一章比较字句的异同，文法的好歹，说《孟子》"措语较有分寸……首尾分明，章法甚明"，《中庸》所用虚字"亦不若《孟子》之妥适"。可见"是《中庸》袭《孟子》，非《孟子》袭《中庸》"。又如《庄子》和《列子》相同的，前人说是《庄子》抄《列子》。前文已讲过庄子不是抄书的人，现在又可从文法再来证明。《庄子·应帝王篇》曾引壶子说："……是殆见吾衡气机也。鲵桓之审为渊，止水之审为渊，流水之审为渊。渊有九名，此处三焉。"大约因衡气机很难形容，拿这三渊做象征。但有三渊便尽够了，伪造《列子》的因为《尔雅》有九渊之名，想表示他的博学，在《黄帝篇》便说："……是殆见吾衡气机也。鲵旋之潘为渊，止水之潘为渊，流水之潘为渊，滥水之潘为渊，沃水之潘为渊，氿水之潘为渊，雍水之潘为渊，汧水之潘为渊，肥水之潘为渊，是为九渊焉。"竟把引书的原意失掉了，真是弄巧反拙。谁能相信《列子》在《庄子》之前呢？又如贾谊《新书》早已亡佚了，今本十之七八是从《汉书·贾谊传》抄来的。《贾谊传》的事实言论，《新书》拿来分做十数篇，各有篇名。前人说是《汉书》采各篇成传，其实如《贾谊传》的《治安疏》，全篇文章首尾相顾，自然是贾谊的作品。而《新书》也分做几篇，章法凌乱，文气不接，割裂的痕迹显然。贾谊必不致割裂一疏以为多篇，亦不致凑合多篇以为一疏。若是真的《新书》还存在，一定有许多好文章，不致如今本的疏陋。今本是后人分析《贾谊传》而成，我们可无疑了。

（卯）音韵。历代语言的变迁，从书本还可考见。先秦所用的韵和《广韵》有种种的不同，那不同的原则都已确定了。例如"为""离"今在"支"韵，古在"歌"韵。《三百篇》、《易·象辞》都不以"为""离"叶"支"，"为"必读做"讹""禾"，"离"必读做"罗"。以"为""离"叶"支"韵的，战国末年才有。《九歌·少司命》以"离"和"辞""旗""知"叶，《离骚》、《东君》以"蛇"和"雷""怀""归"叶，《韩非子·扬权篇》以"离"和"知""为"叶。这些证据不能不令我们承认这个原则。我们翻回来看《老子》却觉得奇怪了。那第九章："明白四达，能无知乎？"竟把"知"字叶上文的"离""儿""疵""为""雌"。我素来不相信《老子》是老聃的作品，这个证据亦很重要，从此可断定《老子》必定是战国末年的人做的。若是《老子》确是和孔子同时的老聃做的，便不应如此叶韵。可惜我们对于古语的变迁不能够多知道，若多知道些，则辨伪的证据越加更多。现在单举一例，做个嚆矢罢了。

五、从思想上辨别。这法亦很主要，前人较少用，我们却看做很好的标准。可分做四层讲。

（子）从思想系统和传授家法辨别。这必看定某人有某书最可信，他的思想要点如何，才可以因他书的思想和可信的书所涵的思想相矛盾而断定其为伪。如孔子的书以《论语》为最可信，则不能信《系辞》。前面已讲过，孔子是现实主义者，绝无谈玄的气味，而《系辞》却有很深的玄学气味，和《论语》正相反。我们既然相信《论语》，最少也认《系辞》不是孔子自己做的。否则孔子是主张不一贯而自相矛盾的人，这又于思想系统上说不过去了。

又如柳宗元辨《晏子春秋》是最好的从思想上辨别的例，虽不很精，但已定《晏子春秋》是齐人治墨学者所假托。因书中有许多是墨者之言，而晏子是孔子前辈，如何能闻墨子之教？那自然不是晏子自做的书。

又如《老子》，说就是老聃做的。到底是否孔子问礼的老聃，有没有老聃这个人，且不问。假使我们相信有这人，孔子果真问过礼，那末，《礼记·曾子问》所记孔子、老子问答的话也不能不认为真。若认为真，那么，那些话根本和《老子》五千言不相容。《曾子问》的老聃是讲究礼仪小节的人，决不配做五千言的《老子》。做五千言的人，方且说"夫礼者忠信之薄而乱之首也"，那有工夫和孔子言礼？《老子》五千言到底是谁做的，我们不能知道，但从此可知决非孔子问礼的老聃做的。

又如《尹文子》思想很好，而绝对不是尹文子做的。《庄子·天下篇》以尹文子和宋钘对举，说他"……上说下教，虽天下不取，强聒而不舍也。……不为苛察，不以身假物，以为无益于天下者，明之不知己也。以禁攻寝兵为外，以情欲寡浅为内"。可知他很有基督教的精神，标出一二语而推衍出去，不欲逐物苛察，决不似名家。但后人都认他为名家，今本《尹文子》亦是名家言。我们相信《天下篇》

的，便不能相信今本《尹文子》是尹文子的作品。因为书上的思想显然和《天下篇》说的不同。

以上是先秦各书的例，以下举二个佛经的例。前面已讲过《起信论》、《楞严经》是假的，种种方面都可证明，而最主要的还在思想上根本和佛经不相容。《起信论》讲"无明"的起源，说"忽然念起，而有'无明'"。佛教教理便不容有此。因为佛教最主要的十二因缘，无论何派都不能违背这个原理。十二因缘互相对待，种种现象由此而起，没有无因无缘忽然而起的事物，主观和客观对待，离则不存，一切法都由因缘而生。《起信论》"忽然念起，而有'无明'"的思想，根本和佛理违反，当然不是佛教的书。《楞严经》可笑的思想更多，充满了"长生""神仙"的荒诞话头，显然是受了道教的暗示，剽窃佛教的皮毛而成。因为十种仙人，长生不老，都是道教的最高企冀，佛教却看轻神仙、灵魂、生命，二者是绝对不相容的。真正佛经并没有《楞严经》一类的话，可知《楞严经》是假书。

从传授家法上也可以辨别书的真伪。汉朝诸儒家法很严，各家不相混淆。申培是传《鲁诗》的人，刘向是他的后起者。假使《申培诗说》未亡，一定和刘向的见解相同，和《齐诗》、《韩诗》殊异，和《毛诗》更不知相差几千里。而今本《申培诗说》却十分之九是抄袭《毛诗》，《毛诗》和《鲁诗》相反，申培如何会帮助《毛诗》说话？我们更从别方面，已证明今本《申培诗说》是明人假造的。这也是个证据。

（丑）从思想和时代的关系辨别。思想必进化，日新月异。即使退化，也必有时代的关系。甲时代和乙时代的思想必有关联影响，相反相成，不能无理由的发生。乙时代有某种思想，一定有他的生成原因和条件，若没有，便不生。倘使甲时代在乙时代之前，又并没发生某种思想之原因和条件，却有涵某种思想的书说是甲时代的，那部书必伪。例如《列子》讲了许多佛理，当然是见了佛经的人才能做。列子是战国人，佛经到东汉才入中国，列子如何得见佛经？从前有人说："佛教何足奇？我们战国时已有列子讲此理呢！"其实那里有这回事。我们只从思想突然的发生这层已足证明《列子》是假造的了。固然也许有些思想，中外哲人不约而同的偶然默合，但佛教的发生于印度，创造于释迦牟尼，自有其发生之原因和条件。战国时代的中国，完全和当时的印度不同，并没有发生佛理的条件和原因。列子生在这种环境，如何能发生和佛理相同的思想呢？

又如阴阳家的思想乃邹衍所创，邹衍以前从没有专讲阴阳的。《书》、《诗》、《论语》、《孟子》和《易》的卦辞、爻辞绝对不讲，《易》的《彖辞》、《象辞》也只是泰、否二卦提及了这二字，《系辞》、《文言》却满纸都是讲阴阳了。从前的阴阳二字只表示相反，并无哲学的意味，《系辞》、《文言》却拿来做哲学上的专名了。这分明告诉我们，卦辞、爻辞是一个时代的产品，《彖辞》、《象辞》是一个时代的产品，《系辞》、《文言》是一个时代的产品，并不是同一时代的。这又分明告诉我们，《系辞》、《文言》受了邹衍的影响很深，也许是阴阳家——儒家的齐派——做的，时期在战国后期，因为思想的发生是有一定的次序的。

又如《管子》非难"兼爱""非攻"之说，也是一件很有趣味的问题。"兼爱""非攻"完全是墨家的重要口号，墨家的发生，在管仲死后百余年。管仲除非没有做《管子》，否则怎么能知道墨家的口号呢？这可知《管子》不是管仲做的，他的成书一定在墨家盛行之后。

又如《老子》拚命攻击仁义，更有意思。孔子以前，无人注意"仁"的重要，自孔子始以"仁"为人格最高的标准，和"智""勇"对举。孟子以前，无人同时言"仁义"，自孟子始以"义"和"仁"同等的看待，做人格的标准。孔子最大的功劳就在发明"仁"字，孟子最大的功劳就在发明"义"字。自此以后，一般人始知仁义的重要。《老子》倘使是孔子前辈老聃做的，那时孔子也许还未提倡"仁"字，孟子还没有出世，"义"字也还没有人称用，那么《老子》攻击"仁义"，不是"无的放矢"么？从这上，我们可以断定，《老子》不但出于孔子之后，而且更在孟子后。还有，《老子》有句"不尚贤，使民不争"的话。"尚贤"乃是墨家的口号，墨家发生在孔子之后，这也是《老子》晚出的小小证据，和上例同一理由。说到仁义二字，又想起《系辞》曾说"立人之道，曰仁与义"。仁义对举，始自孟子，前面已讲过。那么，《系辞》是孟子以后的人做的，也可以由此断定。从上面诸例，可知我们注意思想和时代的关系，去辨古书的真伪和年代，常有重要的发现和浓厚的趣味。

（寅）从专门术语和思想的关系辨别。例如今本《邓析子》第一篇是《无厚》，有人说邓析为"无厚"之说。到底郑析著了书没有，本是问题，许是战国时人著书托名邓析，亦未可知。"无厚"是战国学者的特别术语，《墨经》："端体之无厚而最前者也。"《庄子·养生主》："以无厚入有间。"无厚的意义，《墨经》说解做几何学上的"点"，无面积的可言。《庄子》譬做极薄的刀锋，无微不入，只是一种象征。战国名家很喜欢讨论这点，这无厚的意义也是学者所俱知的。《邓析子》既号称是名家的书，对于这点，应该不致误解，不料今本却很使人失望。《无厚篇》开头便说："天于人，无厚也；君于民，无厚也；父于子，无厚也；兄于弟，无厚也……"竟把厚字当作实际的具体的道德名词看，把无厚当做刻薄解。这种浅薄的思想，连专门术语也误解误用，亏他竟想假托古书。从这点看，《邓析子》既不是邓析的书，也不是战国人所伪造，完全是后世不学无术的人向壁虚造的。像这类不通的书比较的少，现在也不多举例了。

（卯）从袭用后代学说辨别。这虽和思想无大关系，但也可以辨真伪。如《子华子》是伪书无疑，作伪的不是汉人，不是唐人，乃是宋人；不是南宋人，乃是北宋人。怎么知道？因为那书里有许多抄袭王安石《字说》的地方。《字说》到南宋已不行于世了，所以晁公武《郡斋读书志》断定他是北宋末年的人假造的。又如《申培诗说》，前面已讲过是伪书，他又抄袭朱熹《毛诗集传》之说，可知一定是南宋以后的人所伪造。又如《孔丛子》"禋于六宗"之说，完全和伪《古文尚书》孔安国《传》及伪《孔子家语》相同，可见也是西晋以后的伪书。

以上讲的是辨真伪考年代的五大法门。我们拿来使用，对于古书才有很明了的认识。这是我们最须记住的一章。

第五章　伪书的分别评价

伪书非辨别不可，那是当然的。但辨别以后，并不一定要把伪书烧完。固然也有些伪书可以烧的，如唐、宋以后的人所伪造的古书。但自唐以前或自汉以前的伪书却很可宝贵，又当别论。其故因为书断不能凭空造出，必须参考无数书籍，假中常有真宝贝，我们可把他当做类书看待。战国人伪造的书一定保存了秦始皇焚书以前的资料，汉人伪造的书一定保存了董卓焚书以前的资料，晋人伪造的书一定保存了八王之乱以前的资料。因为那些造伪的人生在焚书之前，比后人看的书多些。

例如伪《古文尚书》采集极博，他的出处有一大半给人找出来了，还有小半找不出，那些被采集而亡佚的书反赖伪《古文尚书》以传世。又如《列子》是伪书，里面的《杨朱篇》也有人怀疑。但张湛伪造《列子》时，谁敢担保当时没有他书记载杨朱学说？谁敢担保张湛不会剽窃那书以做《杨朱篇》，同剽窃《穆天子传》以做《周穆王篇》一样？现在杨朱学说除了《列子》那篇以外更没有什么可考，那篇当然在可宝贵之列。像这类的伪书，可以当做类书用，其功用全在存古书。这是一种。

伪书第二种功用是保存古代的神话。拿神话当做历史看，固然不可，但神话可以表现古代民众的心理，我们决不可看轻。而且有许多古代文化，别无可考，我们从神话研究，可以得着许多暗示，因而增加了解，所以今日学者有专门研究古民族的神话的。伪书中如谶纬一类，保存古神话不少，我们拿来当小说读，也许可以知道些古代的文化和古民族的心理。

伪书第三种功用是保存古代的制度。如《周礼》一书，虽然决不是周公所作，是伪托的书，而那种精密的政制，伟大的计划，是春秋以前的人所梦想不到的。可知必曾参考战国时多数的政制，取长去短而后成书，而战国政制赖以保存的一定不少。伪造的人虽不知名，但必是战国末至汉初的人。那个人的理想安排到书里的自然很多，那种理想的政制总不免受有时代的影响，我们既佩服那种理想，又可以跟着探知当时的政制。我们拿《周礼》当做周公时代的政制看，自然错了，《周礼》也就毫无用处；若跟着《周礼》去研究战国至汉初的政制，那末，《周礼》再可宝贵没有了。这类保存古代制度的伪书很多，只看我们善用不善用。

还有一种保存古代思想的功用也是伪书所有的。例如《列子》，我们若拿来当做列御寇的思想看，那便错了；若拿来当做张湛的思想看，再好没有了。若拿来和《老子》、《庄子》放在一起，那又错了；若拿来和王弼《老子注》、何晏《论语注》放在一起，却又很有价值了。又如《起信论》、《楞严经》，我们根据来研究印度的佛教思想，固然不可；若根据来研究中国化的佛教的一种思想，却又是极重要的资料了。像这类，造伪的人虽然假托别时别人，我们却不和他这样说，单要给他脱下假面具，还他的真面目。一面指出他伪造的证据，宣布他的罪状；一面还他那些卖出的家私，给他一个确定的批评。这么一来，许多伪书都有用处了，造伪的人隐晦的思想也宣显了。

由上面四点看，伪书有许多分明是伪而仍是极端有价值的，我们自然要和没有价值的分别看。但当伪书的真伪和年代未曾确实证明之先，评定价值是不容易的。

《古书真伪及其年代·总论》完。

附　宋胡姚三家所论列古书对照表

《诸子辨》		《四部正讹》		《古今伪书考》	
所辨的书名	判语	所辨的书名	判语	所辨的书名	判语
《鬻子》	其徒所记汉儒补缀	《鬻子》	伪残	《鬻子》	伪
《管子》	非管仲自作	《管子》	真伪相杂	《管子》	真杂以伪
《晏子》	非晏婴自作	《晏子》	同上	《晏子春秋》	后人采婴行事为之
《老子》	疑				
《文子》	非计然所著	《文子》	驳杂	《文子》	不全伪
《关尹子》	伪	《关尹子》	伪	《关尹子》	伪
《亢仓子》	伪	《亢仓子》	伪益	《亢仓子》	伪
《邓析子》	真				
《鹖冠子》	真	《鹖冠子》	伪杂以真	《鹖冠子》	伪
《子华子》	伪	《子华子》	伪	《子华子》	伪
《列子》	后人会粹而成	《列子》	真杂以伪	《列子》	伪
《曾子》	非曾子自作				
《言子》	非言偃自作				
《子思子》	非子思自作				
《慎子》	真			《慎子》	伪
《庄子》	《盗跖》《渔父》《让王》疑后人所窜入			《庄子》	真杂以伪
《墨子》	真				
《鬼谷子》	真	《鬼谷子》	伪	《鬼谷子》	伪
《孙子》	真	《孙武》	无可疑	《孙子》	未知谁作
《吴子》	真	《吴起》	战国人掇其议论成编	《吴子》	伪

（续表）

《诸子辨》		《四部正讹》		《古今伪书考》	
所辨的书名	判语	所辨的书名	判语	所辨的书名	判语
《尉缭子》	真	《尉缭》	无可疑	《尉缭子》	伪
《尹文子》	伪			《尹文子》	伪
《商子》	真			《商子》	伪
《公孙龙子》	真			《公孙龙子》	伪
《荀子》	真				
《韩子》	真				
《燕丹子》	伪				
《孔丛子》	伪	《孔丛子》	真疑伪	《孔丛子》	伪
《淮南鸿烈解》	真				
《扬子法言》	真				
《抱朴子》	真	《抱朴子内外篇》	真		
《刘子》	非刘昼作	《刘子新论》	非刘昼作	《刘子新论》	未知谁作
《文中子》	伪	《文中子》	真伪相杂	《文仲子》	伪
《天隐子》	疑				
《玄真子》	真				
《金华子》	真				
《齐丘子》	伪窃	《化书》	窃	《化书》	未知谁作
《聱隅子》	真				
《周子通书》	真				
《子程子》（一名《程子粹言》）	真中有伪				
		《连山易》	伪		
		《归藏易》	伪		
		《子夏易》	伪中伪	《子夏易传》	伪

《诸子辨》		《四部正讹》		《古今伪书考》	
所辨的书名	判语	所辨的书名	判语	所辨的书名	判语
		《周易乾凿度》	伪	《易乾凿度》	伪
		《乾坤凿度》	伪中伪		
		《三坟》	伪	《古三坟书》	伪
		《古文尚书百两篇》	伪		
		《尚书孔安国序》	疑		
		《元命包》	真疑伪		
		《关朗易传》	伪	《关朗易传》	伪
		《麻衣心法》	伪	《麻衣正易心法》	伪
		《王氏元经》	伪	《元经》	伪
		《仪礼逸经》	伪		
				《易传》	别详通论
				《古文尚书》	伪
				《尚书汉孔氏传》	伪
				《焦氏易林》	伪
				《诗序》	伪
				《子贡诗传》	伪
				《申培诗说》	伪
				《周礼》	别详通论
				《大戴礼》	决非戴德本书
				《孝经》	伪
				《忠经》	伪

（续表）

《诸子辨》		《四部正讹》		《古今伪书考》	
所辨的书名	判语	所辨的书名	判语	所辨的书名	判语
				《孔子家语》	伪
				《小尔雅》	即《孔丛子》第十一篇伪
				《家礼仪节》	伪
		《阴符经》	伪	《阴符经》	伪
《六韬》	后人依托	《六韬》	伪	《六韬》	伪
《三略》	后人依托	《三略》	非圯上老人作伪杂以真	《黄石公三略》	伪
		《越绝书》	东汉人据伍子胥润饰易名	《越绝书》	书不伪但非子贡子胥作
		《素问》	六朝以后据《内经》缀辑易名	《黄帝素问》	伪
		《灵枢》	同上	《灵枢经》	伪
		《魏公子无忌》	秦汉游侠依托		
		《苌弘》	同上		
		《范蠡》	同上		
		《大夫种》	同上		
		《公孙鞅》	同上		
		《广武君》	汉游侠依托		
		《韩信》	同上		
		《神农》	依托尤荒唐		
		《黄帝》	同上		
		《风后握奇经》	同上	《风后握奇经》	伪

《诸子辨》		《四部正讹》		《古今伪书考》	
所辨的书名	判语	所辨的书名	判语	所辨的书名	判语
		《力牧》	同上		
		《蚩尤》	同上		
		《封胡》	同上		
		《鬼臾区》	同上		
		《项王》	伪托		
		《武侯十六策》	伪		
		《武侯心书》	伪	《心书》	伪
		《黄石公素书》	伪	《素书》	伪
		《孙子》（孙绰）	本书亡佚后人补之		
《李卫公问对》	后人依托	《李卫公问对》	伪	《李卫公问对》	伪
		《广成子》	伪		
		《无名子》	伪		
		《黄帝内传》	伪		
		《穆天子传》	周穆王史官所记	《穆天子传》	汉后人作
		《晋史乘》	伪	《晋史乘》	伪
		《楚梼杌》	伪	《楚梼杌》	伪
		《山海经》	战国好奇之士杂录奇书而成	《山海经》	书不伪但非禹伯益作
		《燕丹子》	汉末文士据荆轲增损而成		
		《宋玉子》	伪		
		《神异经》	伪托	《神异经》	伪

（续表）

《诸子辨》		《四部正讹》		《古今伪书考》	
所辨的书名	判语	所辨的书名	判语	所辨的书名	判语
		《十洲记》	伪托	《十洲记》	伪
		《赵飞燕外传》	伪	《飞燕外传》	伪
		《鲁史记》	伪		
		《西京杂记》		《西京杂记》	
		《述异记》	未知作者是任昉或祖同		
		《列仙传》	伪	《列仙传》	伪
		《牟子论》	伪		
		《洞冥记》	伪	《洞冥记》	伪
		《汉武内传》	伪	《汉武故事》	伪
		《拾遗记》	伪		
		《梁四公记》	伪		
		《隋遗录》（一名《南部烟花录》）	伪		
		《开元天宝遗事》	伪		
		《广陵妖乱志》	讪谤之词		
		《潇湘录》	最鄙诞作者不一说		
		《牛羊日历》	托名		
		《龙城录》	嫁名		
		《续树萱录》	嫁名		
		《白猿传》	托名		
		《碧云騢》	托名		
		《云仙散录》	前六卷伪		

（续表）

《诸子辨》		《四部正讹》		《古今伪书考》	
所辨的书名	判语	所辨的书名	判语	所辨的书名	判语
		《清异录》	真		
		《艾子世传》	伪		
		《钟吕传道集》	伪		
		《香奁集》	托名		
		《魏文诗格》	伪		
		《李峤诗评》	伪		
		《二金针传》	伪		
		《欧阳修杜诗注》	伪		
		《苏氏杜诗注》	伪		
		《洞极》	伪		
《司马穰苴兵法》	疑亦非伪	《司马法》	真杂以伪	《司马法》	伪
		《通玄经》	同上		
		《潜虚》	真疑伪		
		《春秋繁露》	讹	《春秋繁露》	书不伪书名伪
		《周书》	真	《汲冢周书》	汉后人仿效为之
		《纪年》	真	《竹书纪年》	后人增改
				《天禄阁外史》	伪
				《十六国春秋》	伪
				《致身禄》	伪
				《隆平集》	伪
				《于陵子》	伪

（续表）

《诸子辨》		《四部正讹》		《古今伪书考》	
所辨的书名	判语	所辨的书名	判语	所辨的书名	判语
				《石申星经》	伪
				《周髀算经》	伪
				《拨沙经》	伪
				《神农本草》	伪
				《秦越人难经》	伪
				《脉诀》	伪
				《博物志》	伪
				《杜律虞志》	伪
				《三礼考注》	真杂以伪
				《贾谊新书》	伪
				《伤寒论》	伪
				《金匮玉函经》	伪
				《尔雅》	书不伪但非周公作
				《韵书》	书不伪但非沈约作
				《水经》	书不伪但非桑钦作
				《吴越春秋》	有二作者未知谁作
				《东坡志林》	书不伪书名伪
				《国语》	未知谁作

　　附语：《诸子辨》不能说是纯粹辨伪的书，因为他每辨一书，总有一段批评那书的理解，甚至完全是批评，没有一句是辨伪的。不过他总是辨伪的一部要紧书，所以和《四部正讹》、《古今伪书考》列成

一表，以便比较。《诸子辨》系宋濂所作，《四部正讹》系胡应麟所作，《古今伪书考》系姚际恒所作，故此表名"宋胡姚所论列古书对照表"。

卷二 分 论

梁任公教授演讲 姚名达笔记

前几次的讲演已把总论讲完了，自此以后所讲的就是分论。我想把重要的伪书，一部一部的辨个清楚。但是古书的范围太空泛了，古书须辨别真伪和年代的太繁多了，须有个界限才对。我现在想用两个标准：一是书的性质，以经部、子部做范围；二是书的时代，以两汉以前做断限。因为两汉以前的经书、子书伪的最多，而其影响也最大，最值得我们去辨别考证。当然，造伪辨伪的人虽生在三国、六朝以后，而其所造所辨的书是被认为两汉以前的，我们也不能屏除于讲演之外。这是以书为主，不是以人为主。本学期时间不多了，自然不能讲完全书，我打算把经书讲完，子书以俟异日。

第一章 《易》

　　《易》虽似一完书，内容却很混杂，要分做若干部分来讲才对。因为这书不是一时代一个人做成的，所以问题很多，应该把各部分逐一的审查辨别一番。现在先把这书各部分的内容讲讲。

　　且拿乾卦做个例。最先只有三横画，便是八卦的一个。后来三横叠上三横，便是六十四卦的一个。那一横一横的叫做爻，六爻相叠便是卦了。乾卦六爻的下句话："乾元亨利贞。"后人叫做卦辞。卦辞下面："初九，潜龙勿用。九二……九三……九四……九五……上九……用九，见群龙无首，吉。"后人叫做爻辞。六十四卦合并便是所谓"易经"。此外还有十种文辞，拿来解释《易经》的：《彖上》、《彖下》、《象上》、《象下》、《系辞上》、《系辞下》、《文言》、《说卦》、《序卦》、《杂卦》，后人总叫做"十翼"，也叫做《传》，或《易传》，或《易大传》。像这样混杂的书当然不是一时代的一个人做的。

我们再把《易》的篇卷次第考察考察，也可以发现"《易》很凌乱"的感想。《汉书·艺文志》说："《易经》十二篇，施、孟、梁丘三家。"颜师古注："上下经及十翼，故十二篇。"那是最初的篇数，可见"十翼"是各自成篇的。我们看，古书的注解一定和本书分离，可知"十翼"最初也不附在各卦之下。《三国志·魏高贵乡公传》有一段笑话可以证明《彖》、《象》在两汉以前是独立成篇的。高贵乡公问《易》博士淳于俊曰："孔子作《彖》、《象》，郑玄作注，虽圣贤不同，其所释经义一也。今《彖》、《象》不与经文相连而注连之，何也？"俊对曰："郑玄合《彖》、《象》于经者，欲使学者寻省易了也。"可见《彖》、《象》最初并不分系各卦之下。《文言》原也独立成篇，到了三国王弼才分系乾卦、坤卦之下。后来唐孔颖达作《正义》，便写王本。但自《隋书·经籍志》以后，各种书目所载《易》的卷数都不同。现在的通行本——《十三经注疏》本——的篇卷次第大概还是王弼的原样子，把《彖》、《象》分做《大象》、《小象》、《大象》、《小象》，《大象》、《大象》解卦辞，《小象》、《小象》解爻辞，都系在各卦卦辞、爻辞之后；又把《文言》放在乾、坤二卦下面。全书共计经的方面六卷，包括卦爻、卦辞、爻辞、《大象》、《小象》、《大象》、

《小象》、《文言》等；传的方面五卷，《系辞上》、《系辞下》、《说卦》、《序卦》、《杂卦》各占一卷，和《汉志》的十二篇大大不同了。

我们这样把《易》的本来篇第和现在内容讲清楚了，才可以考证各部分的真伪和年代。现在先看前人的说法怎样。第一问题，卦是什么人画的？人人都知道是伏羲，但不过是相传之说，无法证实的。起初只有八卦，后来有人把八卦互相重叠为六十四卦，那重卦的人是谁？有种种说法。司马迁说是周文王，郑玄说是神农，班固、王弼说是伏羲，孙盛说是夏禹。卦辞、爻辞的作者也未有定论。《系辞》说："《易》之兴也，其于中古乎？""……其当殷之末世，周之盛德耶？当文王与纣之事耶？""作《易》者其有忧患乎？"已不能确定，所以用疑词。后人却从这几句话揣想，说卦辞、爻辞都是周文王做的。马融、陆绩等又因爻辞有文王以后的事而以为是周公做的，文王只做了卦辞。《彖》、《象》以下的"十翼"，自司马迁说"孔子晚而喜《易》，序《彖》、《系》、《象》、《说卦》、《文言》"以后，后人都说是孔子做的。

据我的意思，伏羲这个人有没有还是疑问，不能确定八卦是他画的。但八卦是古代的象形文字却很可信，我们看坎、离二卦便知道。坎卦作☵象水，最初的篆文水字也作〰，后来因写字的方便，改作水，却失了本意了。离卦作☲象火，篆文作火，也有先后的源流关系。至于取八个象形文字当作占卜用，什么时代才有，已不能考定了，但至迟到殷代已很发达，我们看殷墟发现的卜辞便可知道。

接着的便是六十四卦是何人所重的问题。殷墟发现的卜辞没有六十四卦的名称，似乎《系辞》说是殷、周之间很有几分可信，后人因此把这种重卦的事体放在周文王身上。虽然比放在伏羲、神农身上更好些，可还不能十分无疑。至于卦辞、爻辞，后人有的说是文王一个的作品，有的说是文王作卦辞，周公作爻辞，都一样的没有证据。我们看，卜辞是殷朝后半期的作品，还没有六十四卦和卦辞、爻辞。《左传》是春秋战国间的作品，他所根据的是《鲁史记》，已引用了许多卦名、卦辞、爻辞，而且时代很早，地域很广。可见自殷末至春秋，由八卦重为六十四卦，加上卦辞、爻辞，慢慢的发明，应用而推广了。发明的时期，大约总在周初，发明的人物，却不能确定是周文王和周公。

"十翼"是《易》的重要部分，到底是谁做的，自《史记·孔子世家》记了一句"孔子晚而喜易序彖系象说卦文言"以后，后人都相信是孔子做的了。其实这句话从文法上讲，也可作种种解释。（甲）"喜"字是动词，"易序彖系象说卦文言"都是平立的名词。那么，那些名词是"喜"字的目的格，孔子不过喜欢那些东西罢了，并没有做什么。（乙）"易"字下断句，"序"字作动词用，"彖系象说卦文言"是名词。那么，孔子不过序了《彖》、《系辞》、《说卦》、《文言》罢了，《序卦》、《杂卦》都和孔子没有关系。（丙）把"喜""序""系""说""文"五字都当作动词看。那么，孔子不过序了《彖》，系了《象》，说了《卦》，文了《言》，而《系辞》、《序卦》、《杂卦》都和孔子没有关系。这三种说法都有解不通处，都有和前人说法冲突处，真是不容易解决。我们更进一步看，孔子和《易》到底有何等关系，我们不能不重大的怀疑。《论语》是孔子唯一可靠的书，从没有一句说及孔子曾经作《易》"十翼"，只有一章"加我数年，五十以学《易》，可以无大过矣"提起了"易"字。司马迁《史记》所说"孔子喜易"大概是从此推想出的。其实这一章便未必根本可靠。据汉末郑玄所见的《论语》，这章便没有"易"字，说"加我数年，五十以学，亦可以无大过矣"。我们从文法上、文义上看，"亦"都比"易"字好。倘使古本《论语》真是有"亦"无"易"，那么，《论语》竟没有一字及《易》了。这是我们怀疑孔子和"十翼"并无关系的第一理由。还有，孟子是一生诵法孔子的人，他的书里并没有一字说到孔子曾作《易》"十翼"。"孔子作《春秋》而乱臣贼子惧"是他常说的话，不应孔子作了《易》，而他反一言不及。这是我们怀疑孔子和"十翼"并无关系的第二理由。

　　更有一点可使我们的怀疑心扩大而坚决的。《晋书·束皙传》说："太康二年，汲郡人不准盗发魏襄王墓，或言安釐王冢，得竹书数十车。……其《易经》二篇与《周易》上下经同。《易繇阴阳卦》二篇与《周易》略同，繇辞则异。《卦下易经》一篇似《说卦》而异。《公孙段》二篇，公孙段与邵陟论《易》。……"假使汲冢并无《易经》，那还可说魏王不喜《易》，所以不拿《易》来殉葬。但是我们知道事实上并不知此，汲冢分明有《易经》，为什么却没有"十翼"呢？《晋书》"周易"二字似是指"十翼"而汲冢的《易繇阴阳卦》二篇只和《周易》略同，而且繇辞还是不同，当然不是现在的"十翼"任何部分。《卦下易经》的体裁虽似《说卦》，而《晋书》分别说了不同，当然也不是现在的《说卦》。魏是子夏传经之国，魏襄王是距子夏不远之人，倘使孔子做了"十翼"，子夏不容不传，魏襄王不容不见。为什么汲冢有公孙段的书，反没有孔子的"十翼"？虽然也许"十翼"刚好给发冢的人当灯火烧了，但"十翼或出于魏襄王之后"的假定，我们总可以成立。这是我们怀疑孔子和"十翼"没有关系的第三理由。

上面的二段是笼统的怀疑"十翼"，现在且单把《说卦》、《序卦》、《杂卦》说一说。本来《史记·孔子世家》便没有提及《杂卦》，《杂卦》自然不是孔子做的。《序卦》虽然提及了，却只有一序字，序字做动词用，做名词用，还是问题。《说卦》已经《史记》说明白了，似乎无疑。但《隋书·经籍志》曾说："及秦焚书，《周易》独以卜筮得存，唯失《说卦》三篇，后河内女子得之。"问题便又发生而且复杂了。《隋志》说《说卦》有三篇而现在只有一篇，那三篇是并《序卦》、《杂卦》而言呢？还是古代的《说卦》原有三篇？那河间女子无姓无名，他得书的时代事迹全无根据，这种来历暧昧不明的东西，我们万不敢相信。

总结上面各段的话，《汉书·艺文志》的《易经》十二篇不说是汲冢所发现的诸种，也未必就是现在的通行本。"十翼"大约出于战国后半期，也许有一小部分出于孔子，还有一部分是汉后才有的。《易经》本身二篇，前面早已辨清楚了，现在且把古来辨别"十翼"的源流略讲一下。

最初怀疑"十翼"的一部分不是孔子做的是北宋欧阳修。他做了一篇《易童子问》，根本否认《系辞》、《文言》、《说卦》、《序卦》、《杂卦》是孔子做的。他的理由很多。第一，那几篇的话都繁衍丛脞，常常辞虽小异而大旨则同。若说是本来是诸家说的话，前人所以释经，选择不精，还不足怪。若说是一个人说的，必不致这样繁衍丛脞。若说以为是孔子做的，那就大错了。孔子的文章如《彖》、《象》、《春秋》，话越简，义越深，必不致这样繁衍丛脞。第二，那几篇的话，常常自相矛盾，似乎不近人情。人情常恐别人攻击他的偏见，没有不想他的书留传后世的，还肯自己说些自相牴牾的话而使人不信他的书么？这样东一句，西一句，忽然这样说，忽然又那样说，当然不是一个人的话，还是孔子做的么？第三，那几篇的话和孔子平生的话不像。孔子的话，《论语》所记最可信。《论语》，子曰："未知生，焉知死？""未能事人，焉能事鬼？"《系辞》却说："原始反终，故知死生之说。""精气为物，游魂为变，是故知鬼神之情状。"二者比较，大大的不同。我们相信《论语》，《论语》有可使我们信的价值和证据，自然不能信《系辞》等篇是孔子做的。第四，那几篇常把常人之情去推圣人，不自知其错误。如云"知者观乎象辞，则思过半矣"，"八卦以象告，爻象以情告"都是。第五，那几篇以乾坤之策三百有六十当期之日，而不知七八九六之数，而乾坤无定策，这是筮人都可以知道的，而那作者反不知。第六，当左氏传《春秋》时，世尚未认《文言》是孔子做的。可见说《文言》是孔子做的，出于后人揣测之辞，并非真相。第七，那几篇有许多"何谓""子曰"，分明是讲师讲书时的话，怎么会是孔子说的呢？第八，《说卦》、《杂卦》分明是筮人的书，那更不用辨了。

到了南宋叶适著《习学记言》，其第四卷专辨《系辞》以下和《彖》、《象》的不合，也断定《系辞》以下不是孔子做的。又谓"上下《系》、《说卦》浮称泛指，去道虽远，犹时有所明。惟《序卦》最浅，于《易》有害"。其后有赵汝谈著《南塘易说》，专辨"十翼"非孔子所作，比欧阳修、叶适还更彻底，可惜那书失传了。到了清初姚际恒著《易传通论》，也不信《易传》是孔子作品，可惜那书也失传了。

据以上各说，除了《彖》、《象》还无人否认是孔子作品外，其余几乎同孔子没有关系。那末，其余各篇到底是那一家的学说呢？据我个人的意见，《系辞》、《文言》以下各篇是孔门后学受了道家和阴阳家的影响而做的书。《系辞》、《文言》更是明显，他里面分明有许多"子曰"，若是孔子做的书，岂有自称"子曰"之理？《文言》里有这类的话："初九曰'潜龙勿用'，何谓也？子曰：'龙德而隐者也。'……"分明是问答的体裁，当然不是著述体，这足见是孔门后学所记的了。《庄子·天下篇》说："《易》以道阴阳。"《易》的卦辞、爻辞绝无阴阳二字，《彖》、《象》才略有，《系辞》、《文言》便满纸都是了。阴阳之说，从邹衍始有，可见《系辞》是受了邹衍一派的影响才有的。儒家不言鬼神生死，不涉玄学的意味。《系辞》、《文言》却不然，深妙的哲理每含于辞意之间，分明是受了道家的影响才有的。孟子言仁义，从前并无人言仁义，《系辞》、《文言》却屡次言及，可见作者对于孟子的学说也有研究。这些理由足以证明《系辞》、《文言》出于道家、阴阳家已盛之后，即孟子之后。

至于《说卦》、《序卦》、《杂卦》即使是真的，也还在《系辞》、《文言》之后，都和孔子无直接的关系。或许和孔子有直接的关系的，只有《彖》、《象》。因为历来都说《彖》、《象》都是孔子自己做的，我们现在还没有找到有力的反证。而且《彖》、《象》的话都很简单古拙，和《论语》相似，他所含的意义也没有和《论语》冲突处，讲阴阳的话，带玄学性的话，很少很少，似乎没有受阴阳家、道家的影响。在没有找出是别一个人做的的证据以前，只好认做孔子的作品。

《易》的本身原无哲学意味，不过是卜筮的书，如现在各庙宇的签簿一样，卦辞、爻辞便是签上的判语，拿来断吉凶的。当然各地用的签簿不必全同，签上的判语也不必全同。所以《左传》所引的繇辞多有和今本《易经》不合，而汲冢发现的《易繇阴阳卦》二篇的繇辞也和今本《易经》不合。今本《易经》只不过是当时许多种幸存的一种。后人思想进化，拿来加上哲学的色味，陆续作出了《彖》、《象》、《系辞》、《文言》等篇。不幸《史记》有"孔子晚而喜《易》"的话，以后的人便把带哲学意味的《彖》、《象》、《系辞》、《文言》和乱七八糟的《说卦》、《序卦》、《杂卦》都送给孔子，认作研究孔子的重要资料，而不知《系辞》以下都和孔子无关。《系辞》、《文言》的本身自有他的价值，原不必依托孔子。他解《易》的意义对不对，合不合孔子的见解，我们可以不管。他有许多精微的话，确乎是中国哲学的重要产品，比从前更进化了。我们一面不可迷信"孔子作'十翼'"的古话，一面不可以为《系辞》、《文言》不是孔子做的便无价值。我们应该把画卦归之上古；重卦，做卦辞、爻辞，归之周初；做《彖辞》、《象辞》，暂归之孔子；《系辞》、《文言》归之战国末年；《说卦》、《叙卦》、《杂卦》，归之战国、秦、汉之间，拿来观察各时代的心理，宇宙观和人生观，那便什么都有价值了。

除了《易经》、《易传》以外，还有"《连山》、《归藏》、《周易》"的问题。自从《周礼》讲了这三易之名以后，《汉书·艺文志》并没有说有什么《连山》、《归藏》的书。《隋书·经籍志》却有《归藏》十三卷，又说"《归藏》汉初已亡，案晋《中经》有之，唯载卜筮，不以圣人之旨"。唐人已相信是真书了。《连山》更没有人说，只是隋刘炫因想得奖而伪造了一部，当时也发觉了。这二书至今尚存，我们别上他的当。前人把"周易"的"周"字看做周朝的"周"，心想周有《易》，夏、商亦必有《易》，所以《周礼》有"夏《连山》、《归藏》"的话。其实《周易》的周字只是普遍周遍的意思，绝对不是朝代的名，这点我们也得明白。

自北宋以后讲《易》的人同时必讲《河图》、《洛书》和《太极图》。从前并没有，只因为《系辞》说了"河出图，洛出书""易有太极，是生两仪"的话，宋人便无中生有的造出《河图》、《洛书》、《太极图》来。其实我们只要一考，便知是五代道士玩的把戏，并不是儒家的东西。最初是陈抟著了一部《易龙图》，传给种放，种放传给李溉，李溉传给许坚，许坚传给范锷昌，范锷昌传给刘牧。刘牧作《易数钩隐图》，完全以《河图》、《洛书》解《易》。到了南宋朱熹也非常迷信是说，他的《易学启蒙》第一篇便是本图书。自后数百年，因朱熹在学术界之势力太大，没有人敢反驳，大家都把《河图》、《洛书》、《太极图》看做深奥神秘的学问。一直到清初，才有几个大师不约而同的起来发难。第一个是黄宗羲，著《易学象数论》。第二个是黄宗炎，著《图书辨惑》。第三个是毛奇龄，著《河图洛书原舛编》。第四个是李塨，著《周易传注》。第五个是胡渭，著《易图明辨》。第六个是张惠言，著《易图条辨》。各各拿出极充分的理由辨白宋人的附会，证明《河图》、《洛书》、《太极图》之本无深意，其中尤以《易图明辨》为最透彻博洽。他们竟把数百年乌烟瘴气的谬说打倒了。在清初朱学盛行的时候，那种工作实很重要。现在案既论定，我们知道有这么一回事便够了。

此外还有《子夏易传》、《焦氏易林》二书，都是假的。《汉书·艺文志》并无《子夏易传》，《隋书·经籍志》才有，宋陈振孙已发其伪，明胡应麟、清姚际恒都曾再加证明。《焦氏易林》的假，到清初顾炎武才发现，姚际恒也再加证明。现在都无问题了。

第二章 《尚书》

　　《尚书》是中国最古的书，先秦以前只叫做《书》，汉初才加一个尚字。关于他的问题最为复杂。自古至今，造伪辨伪的工作，再没有比他费力的。自从汉初伏生传出二十八篇以后，陆续发生了六次镠轕的事件。第一次汉景帝、武帝间——或说是汉宣帝时——河内女子得《泰誓》三篇。第二次，刘歆说，武帝末，鲁恭王发孔子壁，得《古文尚书》，孔安国拿来读，比伏生所传多十六篇。第三次，汉成帝时，张霸伪造百两篇。第四次，东汉杜林在西州得漆书《尚书》。第五次，东晋初，梅赜献《尚书》五十八篇，和孔安国的《传》。第六次，南朝齐建武中，姚方兴在大舫头得《舜典》，比旧文多二十八字。这些事件，有的当时便破了案，知道是造伪的人玩的把戏；有的经过了千年或百年，多数学者的争辨审判，才得著最后的定谳。自从唐初孔颖达作《九经正义》，陆德明作《经典释文》，都采用梅赜的五十八篇以后，一直到清末，历代都当做宝典看，想从科举出身的人，万不敢丝毫的蔑视。这部书的势力，简直超过了一切经典。中间虽经受了许多强有力的攻击和宣告死刑的判决，而得有帝王卿相的庇护，始终顽抗。所以我们讲到这书，最要聚精会神的去彻底研究。现在先把各种不同的篇目，列表如下。

伏生所传今文二十八篇	孔安国所传古文五十七篇	梅赜所传伪古文五十八篇
《尧典》	《尧典》	《尧典》
	《舜典》	《舜典》（分自《尧典》之下半，姚方兴后又加上二十八字于篇首）
	《汩作》	
	《九共》（共九篇）	
	《大禹谟》	《大禹谟》
《皋陶谟》	《皋陶谟》	《皋陶谟》
	《弃稷》	《益稷》（分自《皋陶谟》之下半）
《禹贡》	《禹贡》	《禹贡》
《甘誓》	《甘誓》	《甘誓》
	《五子之歌》	《五子之歌》
	《嗣征》	《胤征》
《汤誓》	《汤誓》	《汤誓》

（续表）

伏生所传今文二十八篇	孔安国所传古文五十七篇	梅赜所传伪古文五十八篇
		《仲虺之诰》
		《伊训》
		《太甲》（共三篇）
	《咸有一德》	《咸有一德》
	《典宝》	
	《伊训》	
	《肆命》	
	《原命》	
《盘庚》	《盘庚》（共三篇）	《盘庚》（共三篇）
		《说命》（共三篇）
《高宗肜日》	《高宗肜日》	《高宗肜日》
《西伯戡黎》	《西伯戡黎》	《西伯戡黎》
《微子》	《微子》	《微子》
（后河内女子得《泰誓》三篇亦以附入伏生今文之内）	《泰誓》（共三篇）	《泰誓》（共三篇）
《牧誓》	《牧誓》	《牧誓》
	《武成》	《武成》
《洪范》	《洪范》	《洪范》
	《旅獒》	《旅獒》
《金滕》	《金滕》	《金滕》
《大诰》	《大诰》	《大诰》
		《微子之命》
《康诰》	《康诰》	《康诰》
《酒诰》	《酒诰》	《酒诰》
《梓材》	《梓材》	《梓材》
《召诰》	《召诰》	《召诰》

（续表）

伏生所传今文二十八篇	孔安国所传古文五十七篇	梅赜所传伪古文五十八篇
《洛诰》	《洛诰》	《洛诰》
《多士》	《多士》	《多士》
《无逸》	《无逸》	《无逸》
《君奭》	《君奭》	《君奭》
		《蔡仲之命》
《多方》	《多方》	《多方》
《立政》	《立政》	《立政》
		《周官》
		《君陈》
《顾命》	《顾命》	《顾命》
	（后人分《顾命》下半为《康王之诰》亦附入）	《康王之诰》
	《毕命》	《毕命》
		《君牙》
		《冏命》
《费誓》	《费誓》	
《吕刑》	《吕刑》	《吕刑》
《文侯之命》	《文侯之命》	《文侯之命》
		《费誓》
《秦誓》	《秦誓》	《秦誓》

　　伏生所传，本来只有二十八篇，但从《史记》、《汉书》以来，都说他传了二十九篇，把河内女子所得的《泰誓》并在伏生身上。孔安国在孔壁得来的，只有四十五篇，因为《九共》分做九篇，《盘庚》、《泰誓》各分做三篇，所以变成五十七篇。其实孔安国得了古文《尚书》没有，尚是问题，且看下文辨别佚书十六篇的结果便知道。

　　因为这书的问题，那么复杂，研究起来，实在麻烦，所以不能不分析为个别的问题去研究。现在拈出五个重要的：第一是东晋晚出的《古文尚书》和孔安国《传》的真伪问题，第二是佚书十六篇的真伪问题，第三是《泰誓》的真伪问题，第四是《今文尚书》二十八篇的年代问题，第五是《书序》的真伪问题。至于张霸伪造的百两篇，当时便已证实不是真的；杜林得的漆书《尚书》，就是马融、郑玄所注的，似乎和今文差不多，现在都不详说了。

甲　东晋晚出的《古文尚书》和
孔安国《传》的真伪问题

　　现在通行的《十三经注疏》里面的《尚书》五十八篇，经过了数百年数百人的研究，已断定其性质可分三部：第一，和伏生所传今文二十八篇篇名相同的是真。第二，《舜典》（篇首二十八字除外）、《益稷》、《康王之诰》都是从今文析出的，都是真。第三，其余二十五篇都是伪书。今文二十八篇何以可认为真，留在讲第四问题时讲。《舜典》、《益稷》都是造伪者从《尧典》、《皋陶谟》析出，并不是孔安国原来所传的《舜典》、《弃稷》。《康王之诰》是为马融、郑玄等从《顾命》析出，也不是孔安国原来所传的《康王之诰》。但那些被析的是真书，所以析出的也是真书。剩下的二十五篇在北宋以前并没有人怀疑，到南宋初年才有个吴棫大胆的发难，后来不断的有人研究。清初群儒竟把千年悬案判决，同时连及孔安国《传》也被证明不是孔安国做的。现在把那些辨伪者分为四期，列如下表：

第一期（南宋）	第二期（元）	第三期（明）	第四期（清）
吴棫 朱熹	郝经 吴澄	梅鷟 胡应麟	阎若璩 姚际恒 惠栋 崔述 程廷祚

最初发难的是吴棫。但他的理由很粗浅，只从文章上看，觉得那二十五篇不似三代的风格。自从吴棫开了这个端，朱熹便跟著上去，拿同一理由作显明的指摘。但仍不敢断定二十五篇是伪书，只是对于伪孔安国《传》下了一个肯定的判决，总算有见识。到了郝经、吴澄，更大胆的攻击伪经本身，毫不迟疑。他们四人都没有专著一书辨伪，不过在文集、语类、笔记中很概括很简单的讲讲，所以影响还不能很大。最初专著一书来辨伪《古文尚书》的是梅鷟。他著了一部《尚书考异》，一部《尚书谱》，才彰明较著的宣布二十五篇和孔安国《传》是伪书。胡应麟的《四部正讹》也曾提及，但无特色的断案。到了阎若璩，才把替伪《古文尚书》辨护的口封住，才集辨伪《古文尚书》诸家的大成。他的《古文尚书疏证》委实是不朽之作，他的地位在清初学界委实是第一流。同时人姚际恒著《古今伪书考》，对于《尚书》也有同样的结论，另外专著了一部《尚书通论》，可惜佚亡了。他俩不约而同著书辨伪，后来见了面才知道彼此所见如一，也是学术史上一件有趣的事。从此以后，辨《尚书》的诸家对于他俩只有补充或发挥。如惠栋的《古文尚书考》，说话很简单干脆，没有枝节，既可补阎若璩的不足，又很容易看。程廷祚的《晚书订疑》，崔述的

《尚书辨伪》，也是一样。此外还有许多文集对于阎氏之说，或补阙，或正误，几乎无懈可击了。因为他们在经学界地位很高，一般学者咸知尊重，所以能把伪《古文尚书》和伪孔安国《传》宣告死刑。而后来注《尚书》的都依从他们的意思，把今文和古文分开。如江声的《尚书集注音疏》，孙星衍的《尚书今古文注疏》，段玉裁的《古文尚书撰异》，刘逢禄的《尚书今古文集解》，都不混淆今文古文在一起了。当他们未曾定案以前，有一位做辨护被告的律师叫毛奇龄，和阎若璩同时，而年纪较大。他很不满意阎氏的攻击古经，屡次当面辨驳。又专著一书，名《古文尚书冤辞》，和《古文尚书疏证》对抗。但很不幸，那被告的罪状昭著，确乎应得死刑处分，毫不冤枉。所以虽有毛奇龄那么有名那么卖力的律师，也不能救活他的生命。所以从清初到清末，只有许多人帮助阎氏，找证据定案，却很少人帮助毛氏找证据翻案。只光绪间有位吴光耀著一部《古文尚书正解》，又有位洪良品著一部《尚书古文辨惑》，想从坟墓中掘出死囚的骸髅，附上皮肉，穿起衣裳，再来扰人惑世。但是那里有丝毫效验呢？——以上讲伪《古文尚书》和伪孔安国《传》从有人怀疑到最后定案的大略。

这案的卷宗，或是专著，或是单篇，总计不下数百种，百数十万字。诸君欲知全案的详情，只好自己去调集卷宗。现在不能多讲，但也不能不说个大概，且把《尚书》从汉至晋的传授次第先叙述一番，再讲破案的证据。

《史记》记《尚书》的传授最早，《汉书》也跟着一样说话，都说孔子以前的《书》不止百篇，而且记了远古的事，到孔子才删定，从唐虞起，到秦穆公止，共留百篇，另外还做了序，说明作者的意思。又都说秦始皇焚书时，济南伏生独藏《尚书》在壁中，汉兴，伏生求得二十九篇，其余都亡了。后来伪《古文尚书》孔安国序的说法又不同，说秦焚书时，孔子后人壁藏《尚书》，汉兴，没有能通《尚书》的，济南伏生年已九十余，失了他的本经，口诵二十九篇。这二说那个可靠，很难定。但传《尚书》的从伏生始，则可为定论。汉廷立了十四博士，《尚书》的是欧阳氏和大小夏侯，都是从伏生传出来的。所以《汉书·艺文志》说："《经》二十九卷。"注："大小夏侯二家，欧阳《经》三十二卷。"从此可知伏生只传了二十九篇。——本来也只有二十八篇，但汉儒把晚出的《泰誓》一篇也附上了，所以通称二十九篇。

到了西汉末，刘歆校中秘的书，发现了《尚书》古文经四十六卷，即五十七篇。据说，武帝末，鲁共王坏孔子宅，得《古文尚书》（另外还有许多别的书）。孔安国拿来考伏生的二十九篇，较多十六篇。那十六篇的篇名是《舜典》、《汩作》、《九共》、《大禹谟》、《弃稷》、《五子之歌》、《嗣征》、《汤诰》、《咸有一德》、《典实》、《伊训》、《肆命》、《原命》、《武成》、《旅獒》、《毕命》等，目录载在郑玄《尚书注》内。因为《九共》有九篇，所以又分成二十四卷。后来不久，渐渐散佚了。马融、郑玄还看见些，叫他做佚书。

现在通行的《十三经注疏》中的《古文尚书》是怎样的来历？据那上面的孔安国序说："鲁共王坏孔子旧宅，……得先人所藏古文虞夏商周之书，……皆科斗文，悉以书还孔氏。科斗书废已久，时人无能知者。以所闻伏生之书考论文义，定其可知者，为隶古定。更以竹简写之，增多伏生二十五篇。伏生又以《舜典》合于《尧典》，《益稷》合于《皋陶谟》，《盘庚》三篇合而为一，《康王之诰》合于《顾命》，复出此书，并序凡五十九篇，为四十六卷。……承诏为五十九篇作传……书序所以为作者之意，昭然义见，宜相附近，故引之以各冠其篇首，定五十八篇。既毕，会国有巫蛊事，经籍道息，不复以闻。"（其实这篇序是假的，不是孔安国做的，下文再说。）西汉末，刘歆欲列《古文尚书》于学官，不果行。东汉末，马融、郑玄虽是古文家，而他所注的是杜林所传的《古文尚书》二十九篇，又杂以今文。晋朝秘府所存，有《古文尚书》经文，经过永嘉之乱，已无人传授，不知其内容与刘歆所见同否。到了东晋，有一个豫章内史梅赜才不知何从得到孔安国的《传》，奏献给朝廷，又说缺了《舜典》一篇，当时也没人理会。南齐建武中，姚方兴说在大航头得《舜典》，奏上，比马、郑所注多二十八字，那才正式列《古文尚书》于国学。此后南朝渐渐有人传古文，虽然没有专家，而马、郑的注很不为一般人所看重了。到了唐初，陆德明、孔颖达承认《古文尚书》和孔安国《传》，"辞富而备，义弘而雅，故复而不厌，久而愈亮"，一个给他做《释文》，一个给他做《正义》。从那时到清末，想从科举进身的，都遵守陆、孔之说，沿用《古文尚书》。

我们观察各家新陈代谢的情形，倒很有趣味。自马、郑的注盛行，而欧阳、大小夏侯的传亡佚；自梅赜的孔安国《传》盛行，而马、郑的注亡佚，二变而《尚书》的真面目隐晦了。现在《十三经注疏》中的《古文尚书》便是梅赜所献之本，和孔安国、马、郑所见的不是一本。所以说是同一的，乃是造伪者想拿鱼目混珠。自南宋以来，经过先哲的努力，已把这大骗案勘破了。破案的证据实在数不胜数，我们现在只好撮其要点说一说。

（一）篇名不同。我们试一看本章上面的篇目表，当发现孔安国和梅赜所传的《古文尚书》篇目有许多不同。孔本有而梅本没有的：《汩作》、《九共》、《典宝》、《肆命》、《原命》；梅本有而孔本没有的：《仲虺之诰》、《太甲》、《说命》、《微子之命》、《蔡仲之命》、《周官》、《君陈》、《康王之诰》、《君牙》、《冏命》。字眼略异的：孔本的《弃稷》，梅本叫《益稷》；孔本的《嗣征》，梅本作《胤征》。由此可知梅本一定不是孔本。

（二）孔本至东汉末已逸。孔安国的《古文尚书》，除刘歆说过一次以外，没有传授的人。到了东汉末，马融、郑玄表面上是传授古文，其实只传了杜林所得的二十八篇，和伏生的今文差不多。二十八篇以外的篇名和残句，马、郑和许慎《说文》所引，都叫做佚书。假使那些古文家所见的《尚书》即是后来梅赜所传的《尚书》，为什么书尚存而称逸呢？这可见东汉末诸儒都未见后来梅赜所传的《古文尚书》和孔安国《传》。

（三）文章太不相类。伏生所传今文二十八篇，梅本也有，我们读起来，真是"周《诰》殷《盘》，诘屈聱牙"。科举时代的小孩子，对著他咬牙切齿，没有办法，老是伸出手掌捱先生的板子。但一读到《五子之歌》、《汤诰》、《说命》……等篇，文从字顺，随口能举，有似恩逢大赦了。《五子之歌》的时代在《汤誓》之前，《汤诰》到《说命》诸篇的时代在《盘庚》之前，不应在前的反而易读，在后的反而难懂。《仲虺之诰》和《汤誓》同时，《武成》和《牧誓》同时，《周官》、《君陈》和《多士》、《多方》同时，更不应一种易读，一种难懂。拿文体而论，真太奇怪了。所以最初怀疑的吴棫、朱熹便从这点出发，终究证明了二十八篇以外的是伪书。——那书首的孔安国序，文体也不似汉朝风格，当然也是假的。

（四）梅本抄袭的痕迹显然。造伪的不能凭空架阁，必定抄袭真书，或割裂，或变换，或凑缀，使读者不疑。梅本《古文尚书》大半皆有凭藉。如"人心惟危，道心惟微，惟精惟一，允执厥中"十六字，从《荀》、《论语》抄袭得来，本书总论第四章已说过了。其余各篇各句的出处，差不多都可以找出来。明人梅鷟的《古文尚书谱》，清人阎若璩的《古文尚书疏证》，以及清人文集，已经爬梳得很详尽了。可见梅本的确是采缀古书而成的。

自清初诸儒勘破梅本伪案后，大家都叫梅本为《伪古文尚书》。但此书除和今文相同的二十八篇以外，究竟是什么时代的什么人伪造，至今尚无定论。许多人因梅赜是东晋人，而且曾说此书是从魏人王肃传下来的，所以断定是王肃伪造。王肃为什么伪造？因为他和郑玄不对，所以想造证据来压倒郑玄的经说，这大概也没有什么问题。

但是今日通行的《古文尚书》是不是梅赜所传的，是不是王肃伪造的，却还大可研究。清儒最后的辨《尚书》者——程廷祚著了一部《晚书订疑》，搜罗很多证据，说王肃伪造梅赜传出的，早已散佚了，现行的大约到齐梁之间才出来，上距梅赜已有百年。我很赞成他的说法。南齐明帝建武中，姚方兴分《尧典》"慎徽五典"以下为《舜典》，伪造"曰若稽古帝舜，曰重华协于帝，濬哲文明，温恭允塞，玄德升闻，乃命以位"二十八字，加于篇首。这二十八字不但今文没有，就是梅赜也未看见。说不定，这一类的事情不止这一件哩。

乙　佚书十六篇的真伪问题

上面曾据刘歆的话，叙述汉武帝末，孔安国得孔壁古文《尚书》比伏生所传的多十六篇。那十六篇到底是真是伪，向来都认为真的。他们一面尽管恨伪古文，一面又痛惜那十六篇止存篇目而无文章。其实恰因文章已亡佚了，所以从前没有人怀疑。清人程廷祚、刘逢禄、邵懿辰和康南海先生却根本不相信西汉有什么古文经，更不必说什么十六篇了。这种见解也不从他们始，当刘歆主张立古文经于学官时，汉儒已说"《尚书》为备"。可见当时并不信二十八篇今文以外还有别的。东汉王充的《论衡》也说，汉儒以二十八篇上配二十八宿，以为孔子故意如此配合。后来得了一篇《泰誓》，又以为二十八宿之外添了一个北斗。这种幼稚可笑的思想，十足的表现汉儒相信"《尚书》为备"的精神。但替古文辨护的人还可以说这是今文家的说法，不足为凭。我们不妨举出那十六篇可疑之处给大家知道。

西汉讲《尚书》的大师，第一个是伏生，前面已讲过了。伏生传给欧阳生，欧阳生传给兒宽，后来欧阳、大小夏侯三家都出于兒宽，兒宽又是孔安国的得意门生，所以第二个大师应推兒宽。假使孔安国果真得了比今文多十六篇的《古文尚书》，果真又做了传注，兒宽不应不看见，见了不应不传述。一般主张真有古文的人说孔安国不传给兒宽而传给都尉朝，但古文家马、郑都说"《逸》十六篇，绝无师说"。最可疑处，《史记》分明说孔安国早卒，照卒年推算，不及见武帝末巫蛊之事，而伪孔安国序说，因巫蛊事，所以不以《古文尚书》上闻于朝廷。鲁共王分明死在汉武帝初年，而《汉志》说他在武帝末坏孔子宅，得《古文尚书》。因此，我们对于孔安国曾注《古文尚书》与否，古文比今文果真多十六篇与否，不能不怀疑。所以刘逢禄和康先生都说这十六篇根本是刘歆伪造的，原文亡佚，毫不足惜。程廷祚的《晚书订疑》更说那十六篇《逸书》经汉儒引用，至今尚存的残句，比较今文二十八篇的辞义，相差太多了，而且有许多可笑之处。我们由此可知，不但梅赜所传伪古文二十五篇是后人伪造的，即所谓孔安国传的真古文十六篇也未必是真的。

丙　《泰誓》问题

伏生所传今文本来只有二十八篇，汉宣帝本始中，河内女子得《泰誓》一篇，献给朝廷，后来合成二十九篇。《古文尚书》也有《泰誓》，但《隋唐·经籍志》说他和河内女子所献不同。东汉末和三国诸儒如马、郑、王肃等都疑《泰誓》，说他的年月和《书序》不同，字句又和《左传》、《国语》、《孟子》等书所引的《泰誓》不同。不知他们所疑的是河内女子所献的呢，还是《古文尚书》的那一篇。但无论是任何篇，都已是不可靠了。现在的《泰誓》又后来的赝鼎，从古书辑出的真《泰誓》也未必是真的。关于这个问题，《古文尚书疏证》答辨得最清楚，这里不讲了。

丁 《今文尚书》二十八篇的年代问题

经过几次淘汰，《尚书》只剩下二十八篇了。二十八篇比较的可信，最少也是汉初传下来的，总不能不承认是孔子所曾看见，除了《尧典》"曰若稽古帝舜"至"乃命以位"二十八字以外。当然，后来把《舜典》从《尧典》分出，《益稷》从《皋陶谟》分出，《康王之诰》从《顾命》分出，篇名虽伪而本文是真，我们应该包括在二十八篇以内，当做真的看待。为什么我们承认二十八篇是真的？因为传二十八篇的是伏生。伏生当秦始皇焚书时，正在壮年，当然能见真的《尚书》。汉初伏生从他的壁中得到这二十八篇，当然还是壮年所读的。孔子删《书》的话，虽然无从证实，但孔子总和《书》有密切的关系，观孔门后学很注重那部书便可明白。从孔子到伏生，没有焚书禁书的暴政，又刚好是学术发达的时代，传习《尚书》的人很多，当不致有亡佚或变乱的事情发生。所以我们可以承认孔子曾见这《今文尚书》二十八篇。

从前有人怀疑二十八篇中的《金縢篇》有这么一段离奇话："秋，大熟，未获，天大雷电以风，禾尽偃，大木斯拔。……王出郊，天乃雨，反风，禾则尽起。……"这种和情理相差太远的纪事，似乎不是信史。其实不然，这只能怪当时史官拿非史的事当史，不能严格的择别，正和后来的《晋书》、《魏书》相类。《晋书》多采小说，《魏书》杂记琐闻，我们只可说他择别史料的标准不对，不能说那二部书不是唐太宗、魏收做的。所以《金縢》无甚问题，可以当做神话看待，借来考察当时的社会心理。除了这篇以外，从前没有怀疑过的，我们可丢开真伪不讲，专研究他的年代。

二十八篇的前四篇，——《尧典》（包括今本《舜典》）、《皋陶谟》（包括今本《弃稷》）、《禹贡》、《甘誓》——向来叫做《虞夏书》，一般人以为不是唐虞史官不能做得那么好，一二学者却因此发生了莫大的怀疑。第一，《尧典》的文体比伪古文的《大禹谟》、《五子之歌》虽然古雅多了，但比今文的《汤誓》、《盘庚》、《多士》、《多方》则实在易读。不应虞夏较古的文章反而文从字顺，殷周较后的文章反而诘屈聱牙。这分明是《汤誓》等篇的时代比较《尧典》早，《尧典》当然不是虞夏人的作品。第二，《禹贡》所载的地域很广。虽可说游牧时代的人迹比种艺时代较宽，所以《禹贡》也跟着多记，但殷民族的活动圈仅限于大河南北，西周也只限于大河流域，到了春秋战国才慢慢扩充到长江、粤江流域，才知道有交趾等地。为什么《禹贡》的九州恰同东周地域相等而不和殷周相等呢？除非地下有资料，将来发掘考究，可以证明虞夏地域确同于东周，否则《禹贡》总是东周的地理书吧。第三，《尧典》可讨论之处尚多。如"蛮夷猾夏""金作赎刑"，夏是后起的名词，金属货币是周朝才有的东西，当然不应在尧舜时代的书上发现。那上面还有几处提起"中星"，我们虽不是天文专家，但觉得和《夏小正》讲的中星不甚相远。《夏小正》决不是夏朝的书，乃是周人建寅的历。那么，《尧典》也许是周人追述之辞，不能认做尧、舜史官所记。将来经过天文学家的研究，总有一天可以给这个说法以一个证明。

上面这段似乎有些是辨真伪，其实仍是考年代。因为《尧典》首句分明说"曰若稽古帝尧"，《皋陶谟》首句分明说"曰若稽古皋陶"，并没有告诉你是尧、舜史官记的。不过后人好古，以为非尧、舜史官不能做出那么好的文章，所以硬把《尧典》、《皋陶谟》、《禹贡》、《甘誓》叫做《虞夏书》，奉做圣贤传授的心法。其实我们只根据那篇首一句，认做后人追述的，便好了。他本来就没有冒充是尧、舜史官做的，我们何必说他是伪书呢？所以上段的论证，恰好证明了那四篇是周人追述的，把时代移后了两千年，却不曾指摘某篇是伪书。

二十八篇除了前四篇以外，从《汤誓》到《微子》叫做《商书》，从《牧誓》到《秦誓》叫做《周书》。真伪绝无问题，年代可照向来的说，分明看做商周的作品。

戊 《书序》问题

《书序》至今尚存，共一百首，放在每篇之前，说明为什么要作这篇，体例和《诗序》相似。如《尧典序》云："昔在帝尧，聪明文思，光宅天下，将逊于位，让于虞舜，作《尧典》。"那百篇序，向来都说是孔子做的，本来合成一篇，伪孔安国《古文尚书序》说是孔安国分置各篇首的。伏生的今文二十八篇后来忽然变成二十九篇，有人说是添了《泰誓》，有人说是添了《书序》，因此有伏生传孔子《书序》之说。但我却都不相信。孔子时，《书》有若干篇，有序没有，还是问题。就是《书》有百篇，篇皆有序，而百篇序也就已经不能包括当时《书》的总数。序外的篇名见于各古书的还不止一二个，《禹誓》、《武观》、《汤说》、《官刑》、《相年》见于《墨子》，《夏训》、《伯禽》、《唐诰》见于《左传》，《太戊》见于《史记》，《尹吉》、《高宗》见于《礼记》，《大战》、《揜诰》、《多政》见于《尚书大传》。《尚书大传》，据说是伏生传下的，为什么又和《书序》的篇目不同呢？《史记》引了《尚书》许多篇目，和《书序》相同，为什么又多一篇？这分明是伏生不曾传《书序》，《书序》抄袭《史记》而偶遗一篇目，本来这是没有的东西。

《诗经》有序，已是无聊。但《诗》是文学家的寄托，别人有时不易知道本事是什么，有序还可给人以一个联想。《书》本纪事，文章既已明白，何必要序？由此牵连到孔子曾否删《书》，曾否做序，二十八篇以外的有多少的问题。我们看，删《书》之说，出自《尚书纬》，根本不可靠。《史记》说孔子序《书传》，只是说次序那些《书传》，并没有说替百篇作序。二十八篇就是孔子次序的，其余当时都已散残了。《逸书》的总数无从统计，未必就刚好加上不佚的是一百篇。汉儒说二十八篇"《尚书》为备",固然未免固陋,而最少那二十八篇是孔子以后传习最广的,其余都不成片段了,那百首《书序》整整齐齐的篇名却未必可靠。自从朱熹提起孔子不作《书序》的问题以后,程廷祚也曾辨论过。到了康先生著《新学伪经考》,就有一篇专攻《书序》之伪,在很详审的理由中宣告《书序》的死刑,和阎若璩宣告《伪古文尚书》的死刑一样。《书序》是不是刘歆做的,抑或刘歆以后或以前的人做的,现在未定。许是秦汉间儒者有孔子删《书》的故事,后人因把《史记》夏商周《本纪》和《鲁世家》的话凑成一篇《书序》。但最少不是孔子做的。

第三章 《诗》

《诗经》是古书中最可信的，我们可以不必考究他的真伪，单辨清他的年代便够了。现在且提出三个问题：

一、全部《诗经》所包涵的年代多么久。——最古的是那一篇？最晚的是那一篇？中间相差若干年？

二、三百篇中，那一个时代的篇数最多。——那几篇可合成一组，可认做某时代的作品。

三、什么时候才编成这样一部《诗经》。

这些都是关于《诗经》年代的，我们可以逐个讨论下去。

甲 第一问题

《诗经》起自何时，迄于何时，自来即多异说。他那最后五篇——《商颂》，据现行的《诗序》说，就是商人祭祖之诗。这话若确，那么，《诗经》的年代很早，商朝已经有了。到孔子时，有五六百年。但在西汉以前，并没有人说《商颂》是商诗的，都说是宋人作品。《国语》有这么一句话："昔正考父校商之名颂十二篇于周太师，以《那》为首。"正考父是宋国的大夫，是孔子的祖，孔父嘉的父。周太师是周室的乐官。《国语》的意思，《商颂》是正考父做的，请周太师校正其乐律。后来《毛氏诗序》说："有正考父者，得《商颂》十二篇于周之太师。"意义却和《国语》说的大不同了。"校"是请别人校自己的，"得"是在别人处得到别人的，那里可以随便更改！但很不幸，此后都相信《诗序》的话了。一直到宋朝以后，才有人开始怀疑，从事辨别。辨别最清楚的没有人比得上魏源。魏源著《诗古微》，列举十三条证据于《商颂发微篇》中，断定《商颂》是宋襄公时，正考父祭商先祖而称颂君德的。他那些证据也许不免琐屑，但大都很对，足以成为定论。

但"宋颂"何以称商呢？我们看《左传》常以商代宋。如鲁僖公二十二年，宋大司马固说："天之弃商久矣。"所以宋诗名《商颂》，毫不足怪。我们又看《商颂》第五首有"奋伐荆楚"之句。最少商朝尚无所谓荆楚，楚在周初还是蛮夷，到周昭王以后，才和中原发生关系。因此，我们越发知道《商颂》完全是正考父歌颂宋襄公的。因为宋襄公随齐伐楚得胜，自然不免铺张盛事。这不止《商颂》如此，就是《鲁颂》也是鲁僖公随齐伐楚凯旋以后叫人做的。后来扬雄《法言》说："正考父晞尹吉甫，公子奚斯晞正考父。"晞是希慕之意，吉甫、奚斯都是诗人。《诗经·大雅·烝民》说："吉甫作诵，穆如清风。"《鲁颂·闷宫》说："奚斯所作。"他们既然一个希慕一个，又都善会做颂，可见正考父作《商颂》是无可疑的了。汉人碑刻和书籍说及这事的多得很，但从没有说《商颂》是商诗的。

不但如此，就是《商颂》的文体也可证明是宋国才会有，商朝不会有。《周颂》是西周人作品，很简单，多没有韵。《商颂》、《鲁颂》如《小雅》颇长，句句押韵，音节和谐。如《那》的"猗欤那欤，置我靴鼓。奏鼓简简，衎我烈祖"；《殷武》的"陟彼景山，松柏丸丸。是断是迁，方斫是虔"，若拿来比《周颂·清庙》的"於穆清庙，肃雍显相。济济多士，秉文之德"；《般》的"於皇时周，陟其高山。堕山乔岳，允犹翕河"，一易读，一难懂，一有韵，一无韵，真是相差太远了。假使《商颂》果真在《周颂》之前，必不致如此。以空洞的文体判别真伪，似乎很危险，其实不然。侦探小说说侦探狗嗅臭味可以得犯人，研究文学很深的人亦如侦探狗一样，一见文体便可辨真伪。虽无标准，而其标准比什么都厉害。以《清庙》和《那》比，当然难懂的在前，易读的在后。所以我们可断定《商颂》是宋诗，是年代很晚——齐桓公、宋襄公时的诗。大家要知其详，可自参考《诗古微》。

《商颂》的年代既已确定，才不会提前《诗经》的年代，才可以讨论关于《诗经》年代的种种问题。据我看，最早的，不能超过周初，也许有几篇在周公时代。最迟的，若依《毛氏诗序》，就是《株林》。因为《株林》记了夏南的事，是在西历纪元前五百九十八年，后此四十七年而孔子生（前五五一）。若依《韩诗外传》，就是《燕燕》。因为《燕燕》是卫定姜送其儿妇大归的诗，是在西历纪元前五百五十八年，后此七年而孔子生。我们假使相信《韩诗》之说，则《诗经》的最后一篇在孔子生前七年。但《燕燕》诗，《毛诗》认是卫庄姜做的，在春秋初年，这样《诗经》的年代又得缩短四十年了。我们因为齐、鲁、韩三家诗说比《毛诗》较古较可信，鲁、齐也都认为《燕燕》是卫定姜的诗，所以不妨认《诗经》到西历纪元前五五八年就终结了。但《燕燕》以后，孔子少时，还有诗没有，又是一大问题。其故，因三百篇多无名氏作品，大多不能考定年代，谁能担保《燕燕》之后就没有诗呢？所以《诗经》全部的年代，最早在周公时，最迟在孔子生时或稍后。若勉强说，最早是《武》，最迟是《燕燕》，相距约五百年。

乙　第二问题

欲将《诗》三百篇一一考定确实年代，固属很难，但约略推定某几篇在某时代，某时代诗多，某时代诗少，也非不可能的事。今本《诗经》分《风》、《雅》、《颂》三部。《风》又分二《南》、十三《国风》，《雅》又分大、小，《颂》又分《周》、《鲁》、《商》。从前做考证诗篇年代工夫的，汉末有郑玄著《诗谱》，可惜书不传了。宋有欧阳修续做《诗谱》，王应麟辑纂《诗谱》。清儒也继续辑出许多。据郑玄的意思，《商颂》最早，周初的诗最多，《商颂》的价值第一，二《南》次之。但这是一派的意见，齐、鲁、韩三家便不和他一样。而且他的主张常多错误。如《关雎》，郑玄以为文王时美后妃之诗，齐、鲁、韩以为康王时人所作。如《何彼秾矣》，分明是周桓王之女嫁给齐襄公时，鲁人歌颂他的诗，《春秋》庄公元年明记其事，此诗明有"平王之孙，齐侯之子"，可为铁证。而毛、郑一派硬要解"平"为太平，"齐"为平等，说是文王嫁女之诗，真是迂腐可笑。如《甘棠》，因有"召伯所芨"，毛、郑硬认做召公奭，说是周初的诗。但"公""伯"显然有别，伯是五伯的伯，《诗》有郇伯、申伯，都是西周末年的人。《诗·大雅·召旻》称召公奭为召公，不称召伯。可见《甘棠》最早不过西周末年的诗。从前的人错认文学的价值，愈古愈高，胸中既有成见，所以辗转附会，到处误解。又二《南》歌咏江汉，江汉在周初还未十分开辟，到东周初才渐渐发生文化。前人说二《南》是文王化被南国的成效，其实那里有文化低落之地而能出产这样高尚文学之理？——由此，我们很可以断定二《南》是西周末东周初的产物。固然不是一时出现的，但因其文体相近，可知其时间不出百年。前人认是商末周初百年间，那是错了。

顺着年代讲，则《周颂》最早。《周颂》也许有武王时的作品。

《左传》宣公十二年，楚庄王曾引过《周颂·武》之七章。《武》最少是武王克殷所作，比较的可信，是《诗》的最早一篇。《周颂·昊天有成命》有"二后承之，成王不敢康"，最少这诗是康王时的。文王时代的诗可是一篇也找不到，而后人必认为文王时代的，可笑的很。先横成见而附会其事，是考古的大毛病，千万不可如此。所以我们认《周颂》为周武王到康王时代的诗，在《诗经》为最古。

《大雅》、《小雅》有许多史料，可叫做史诗。若拿来和钟鼎文比照推考，可得前人不知的遗事。他的年代大约在西周末年的有十之七八，成、康时代的也许有一二篇，尚有一部分"变雅"是东周初年的。若以文体而论，假使《周颂》在后而反质朴，二《雅》在前而反风华，则万无此理。所以大、小《雅》一定在《周颂》以后，决不是文、武时代的产品。

此外十三《国风》亦如二《雅》，各以国名。十三国中，桧至西周末被唐灭了，所以《桧风》一定在西周末年以前，比任何《国风》的年代都早些。唐是晋初受封之名，至曲沃庄伯夺国受封以后，单称晋不称唐了，所以《唐风》一定是鲁桓公以前的东西。魏不是战国的魏，到鲁庄公时，被晋献公灭了，所以《魏风》是鲁庄公以前的东西。这三国比较的很早，其余较迟。

《邶》、《鄘》、《卫》三《国风》的问题很杂，篇数又很多，占了《国风》全部三分之一。名义上虽有三国，实际上只有卫国的诗。诗里人名、地名、事实都是卫国的，所以只能叫做《卫风》。但邶、鄘是什么东西呢？向来解做卫国里面的小国名。那么，又为什么要分为三国呢？王静安先生解做邶是燕地，鄘是鲁国，风诗则已失传，后人不懂，妄分《卫风》的一部给邶、鄘。这就比较的可信。我们认《邶风》、《鄘风》已亡，今本《邶》、《鄘》、《卫》三《国风》只是《卫风》，不可误信古人之说，分《卫风》为三部。

其余王、郑、齐、秦、陈、曹、豳七国，和《卫风》都是春秋时代的产品，没有多大的问题。但若拿来和二《南》相比，却又发生问题了。以地方文化发达先后程序推之，二《南》许更在八《国风》之后；以文字优劣而论，二《南》也比八《国风》更加风华艳丽。大凡一新民族初接受他民族的文化的时候，常有异彩的创作出现。二《南》不名风而名南，不名东、西、北而名南，又有江汉一类的楚国地名，文体又和后来的《楚辞》有线索可寻，所以我们要认为春秋后半期的南方民族作品，也未尝不可。宋王应麟曾这样主张过，说二《南》和《楚辞》有先后衔接的关系。这是不错的。

综合起来，我们对于《诗经》年代第二问题的解答是：《周颂》最早，是周初的产品；《大雅》、《小雅》、《桧风》、《唐风》、《魏风》次之，是西周末到春秋最初期的产品；《周南》、《召南》、《王风》、《郑风》、《齐风》、《秦风》、《陈风》、《曹风》、《豳风》、《卫风》较晚，是春秋时代的产品。论起篇数最多的，那自然是春秋时代。

丙　第三问题

上面的结论，《诗》三百篇是周初到孔子生时五百年间的产品。但到底是什么时代什么人编成的呢？依《史记·孔子世家》说，古《诗》有三千篇，孔子自卫返鲁删为三百五篇。此话若真，则孔子六十四岁返鲁，七十三岁死，在死前十年间删《诗》。但孔子四十五岁已讲学，孔子向来教人都用《诗》，《诗》是他学校的重要功课。当未删《诗》以前，拿三千篇教人呢，还是拿三百篇？《论语》常说"诵《诗》三百"。"《诗》三百"未必一定是六十四岁以后说的话，可见孔子教人只用三百篇。假使嫌这个证据薄弱，那么请看《诗古微》怎么说。《诗古微·夫子正乐论》说："夫子有正乐之功，无删《诗》之事。……今考《国语》引《诗》三十一条，……逸者仅三十之一。……左氏引《诗》二百十七条，其间丘明自引及述孔子之言者四十有八，而逸诗不过二条。列国公卿引《诗》百有一条，而逸诗不过五条。列国宴享歌诗赠答不过七十条，而逸诗不过三条。是逸诗不及今《诗》二十之一也。使古《诗》果三千有余，则自后稷以及殷、周之盛，幽、厉之衰，家弦户诵，所称引宜十倍于今。以是推之，其不可通一也。……"（以下还列了许多证据，现在不尽引述。）假使今《诗》是孔子六十四岁，从三千篇里选来编定的，则逸诗应不止此数。为什么只有五十分之二不在今《诗》三百篇之内呢？本来孔子删《诗》之说，从孔颖达即已怀疑，到了魏源著《诗古微》，尤其尽力否定，这是我很赞成的。三百篇本来到《鲁颂》为止，《商颂》许是孔子补加上去的。孔子教人只用现成的三百篇，并没有从三千篇中选出三百篇来。

　　但这三百篇到底是什么人编定的呢？那只好阙疑，但最少是早已成为定本的。定于何时，很难断定。因最晚的那篇《燕燕》在孔子生前七年，所以最少是孔子幼年有人编定的。前人说是周太史编的，但那时已没有人理会周朝，周朝也没有这大力量干这事。大概可推定这三百篇是鲁国已通行的本子，这我们也有证据。《左传》记吴季札观乐于鲁，太史唱《诗》，篇名没有在今本以外的。可见鲁太史用的《诗》本和今本相同。虽然可以说这许是《左传》的作者从后追记之辞，不足为孔子生前已有定本之据，但没有得充分的反证以前，这说总是可成立的。

　　从上面说，难道孔子和《诗经》没有关系吗？那不然，那是有相当的关系。大概孔子对于诗篇的次序曾用一番心思，这是一点。后来汉人最看重"四始"，——《关雎》为《国风》之始，《鹿鸣》为《小雅》之始，《文王》为《大雅》之始，《清庙》为《颂》之始。——许是因为孔子有意，所以孔门传习下去。第二点，《商颂》许是孔子加上去的，因为《商颂》的作者是孔子之祖。第三点，孔子用功的深处，不在乎删《诗》，而在正乐。汉儒本来没有说孔子删《诗》的，司马迁作《史记》，看见《论语》有"孔子自卫反鲁，然后乐正，雅、颂各得其所"，所以才生出孔子删《诗》之说。其实《论语》这段话正可证明从前的诗词乐谱不好，孔子自卫反鲁才改良他，却不能证明曾经删《诗》。我们看，孔子是极喜欢乐歌的人。《论语》说"子于是日哭，则不歌"，可见他不哭这天一定唱歌。又说"子与人歌而善，必使反之，而后和之"，可见他很会唱歌。又说

"子在齐闻《韶》，三月不知肉味"。他自己也说："师挚之始，《关雎》之乱，洋洋乎盈耳哉。"可见他对于乐歌的兴味极浓。《孔子世家》曾说："《诗》三百篇，孔子皆弦而歌之，以求合于《韶》、《武》之音。"然则孔子对于《诗》的工作，在创造乐谱，改定歌调。从前的《诗》许是不尽可歌，到孔子才谱诗入乐，三百篇没有不可歌的了。风、雅、颂的分别，前人说法不一。我看许是孔子定的乐调专名，和音乐有关。《墨子》言"儒者诵《诗》三百，弦《诗》三百，歌《诗》三百，舞《诗》三百"，可见孔门后者还是遵守孔子教法，认弦《诗》歌《诗》为功课，而《诗》无不可歌的。由上文看来，孔子用功于《诗》，全在正乐这部分。后人推尊孔子，硬说他删了《诗》，反为失了真相。所以我们断定《诗》三百篇成于孔子少年或生前之时，编者很难指定。孔子对于《诗》的功劳，只在乐歌上面。——三个问题算是解答了。

　　末了，我们还得讨论《诗序》的真伪和年代问题。今本《诗经》，每诗前面都有几句小序，说明作诗的缘故，这就是《诗序》。《诗序》，《汉志》不著录，齐、鲁、韩三家诗都没有，单是《毛诗》有。《后汉书·儒林传》明白说："卫宏从曼卿受学，因作《毛诗序》。"后人老是不信。《隋志》说，相传《诗序》是子夏作，经过毛公、卫宏润色。后来有人说，《诗序》首句是子夏作的，其下各句是毛、卫作的。又有人说是大毛、小毛公分作的。郑玄一面说是子夏作，一面又说是孔子作。程子说是采诗人作。王安石说是诗人自己作。异说纷纷，把《诗序》推尊到无上的地位，却无人知道本来是假东西。一直到南宋忽然出了几位辨伪大家——程大昌、朱熹、郑樵——很猛烈的攻击《诗序》，把他的价值降落到零度。大家都确信是卫宏做的，整个的要不得。朱熹初年仍旧推尊《诗序》，晚年和吕祖谦辨论的结果，始转而从郑樵之说。他有很好的见解，以为主张"诗因序而作"者，大可嗤笑。但他亦不彻底，他的《诗集传》，仍有从《诗序》的。

《诗序》到底是什么时代的作品？两汉儒者说《诗》，从没有提到有《诗序》。《六经奥论》说："汉氏文字未有引《诗序》者，惟魏黄初四年有'曹共公远君子，近小人'之语。盖《诗序》至是而始行。"王先谦反驳这说，说《左传》襄公二十九年，服虔《解谊》，太尉杨震《疏》，李尤《漏刻铭》，蔡邕《独断》，都已引用《诗序》，何尝至黄初时始行呢？其实据我们看，那是不成问题的。《左传》和《诗序》相同的，只有"美哉此之谓夏声"一句，那当然是偶然，或是卫宏有意抄袭。西汉一代文字无有引用《诗序》的，也没说《诗》有序。服、杨、李、蔡固然是东汉儒者，但都在卫宏稍后。卫宏著的《诗序》，他们自然可以看到。《后汉书》既然明说卫宏作《毛诗序》，我们又何苦夺他的功呢？但我们却不可因此就说他伪造《诗序》。因为"说《诗》家"解释作《诗》原因，写成片段文字，是汉人风气。齐、鲁、韩三家诗说，虽然不传，但辑得的三四十条还有些像《诗序》的体裁。我们怎么能担保《毛诗》不也这样呢？说不定，《毛诗》的片段说话，还不是篇篇都有，到了卫宏手里才全部都给他做篇小序，来弥补这个缺憾。但没有想到这实在太随便了，事迹的傅会，姓名的错乱，诗意的误解……在使读《诗》者迷惑，实在是卫宏强不知以为知之过。所以《诗序》一经南宋诸儒的攻击，便失了他迷人的本领。后来虽经清代一二汉学家一度的维护，而不能挽救他已失的生命或威灵。

此外如《子夏诗说》、《申培诗说》，关于说《诗》的伪书，早经前人的论定，现可以不必多费口舌了。

第四章　三礼

"三礼"的名称，比较地发生得很迟，从前并没有。东汉末，郑玄注《周礼》、《仪礼》、《礼记》，才合称"三礼"，即现行《十三经》的三书是。这三书向来看做一样的性质，其实错了。南宋以后，把《礼记》当做"五经"的一种，明清科举也以《礼记》为"三礼"代表，其实不对。汉代六艺只有《礼古经》，又名《士礼》，凡十七篇，到东汉又改称《仪礼》。《礼记》是解释《仪礼》的，记即传，可与经对立而不可混称经。做个譬喻吧，譬如《易》，《仪礼》好像卦辞、爻辞，《礼记》好像"十翼";譬如《春秋》,《仪礼》好像《春秋经》,《礼记》好像"三传"。所以三礼可分三部:《礼记》包括《大戴礼记》和《小戴礼记》,自为一部,《周礼》、《仪礼》各自为一部。三部是不可同等看待的。《周礼》原名《周官》,西汉末,刘歆才改称,但至今仍两名通用。他和《仪礼》的分别,《仪礼》如《唐开元礼》、《大清通礼》,是社会自然形成的,非法令的;《周礼》如《唐六典》、《大清会典》,是行政法,是政府的固定制度,真伪且慢些论,根本就不是礼而是官制,所以原名《周官》,只是说周代的官制。我们须先知这四部书的性质,才可讲到别的问题。——若是严格的讲,《礼》只有二,就是《仪礼》、《礼记》,而《周官》应该撇开。但自郑玄以后都看《周官》是《礼》的一种,为方便计,只好仍称"三礼"。

甲 《仪礼》

现在先讲《仪礼》。《仪礼》这书,真伪没有问题,绝对不是西汉以后的人伪造的。《汉志》说:"汉兴,鲁高堂生传《士礼》十七篇。讫孝宣世,后仓最明,戴德、戴圣、庆普皆其弟子,三家立于学官。"我们看这十七篇《礼》和《春秋左传》所载的《礼》有时相同,大概就是孔子所雅言的《礼》,在周代曾经一度通行。所以我们现在只问到底这十七篇是什么时候才有。向来因有周公制礼作乐之说,便都说《仪礼》是周公传下的。后来研究"三礼"的人,又认"三礼"都是周代通行的,总想打成一片,遇著彼此矛盾处,或采此驳彼,或调停

两可，或附会，或曲解，闹的一塌糊涂，不知枉费多少心力。其实
《周礼》出现最迟，二部《礼记》也至汉宣帝时才成书，既已显然不
是周公的著作。就是《仪礼》也不很早。纵使我们承认《仪礼》有一
部分是周初所有吧，经过了八百年的变迁，也不知换头改面了几次，
才到高堂生手里。而且古时文字没有刻板，全靠口授，或用简记。像
《仪礼》这样难读，就是叫我背诵，也要考不及格，还能够流传八百
年不会佚亡或变乱吗？古时书籍，当然不止《书》、《诗》、《易》、
《礼》几部，何必只存这几部呢？那自然各有其原因。如《书》存于
史官，《易》存于筮卜之官，《诗》存于太师和民间口诵。但西周以前
的《书》、《易》、《诗》有多少？《书》、《易》、《诗》的大部分还不是
东周、春秋的东西吗？《仪礼》这样难读难传的东西，还反是西周初
年传下来的，一点不变原样吗？试看他里边《士冠礼》的颂词，全采
自《诗经》。《诗》成于春秋末，那么《仪礼》似成于《诗》成以后，
最少也是同时。又看他里边《乡射礼》有"乃合乐，《周南》：《关
雎》、《葛覃》、《卷耳》，《召南》：《鹊巢》、《采蘩》、《采蘋》。工不兴，
告于乐正曰：'正歌备'"一段，正歌据说就是《小雅》，可见《仪礼》
最少是成于《小雅》、二《南》通行之后。《小雅》、二《南》作于西
周、东周之间，通行必在东周。那么，《仪礼》还不是成于东周、春
秋吗？

　　但《仪礼》的一部分，许是西周已有，因为礼是由社会习惯积成
的，不是平空由圣人想出来。西周习惯的礼，写成文字，成为固定的
仪节，许是比较的很晚。今十七篇许是出于孔子之手。相传孔子删诗

书，定礼乐。我不信孔子曾删诗书，而倒有点相信孔子曾定礼乐。第三章已讲过孔子定了乐谱。礼这部分，依《礼记·中庸》说："礼仪三百，威仪三千。"大概周代尚文，礼节是很繁缛的。孔子向来认礼为自己教人的要课，那么，把礼节厘定一番，使其适宜，也并不稀奇。所以我说，《仪礼》许是孔子编的。你们不相信吗？《礼记·檀弓》有这么一段话："恤由之丧，哀公使孺悲学'士丧礼'于孔子，《士丧礼》于是乎书。"这分明告诉我们，最少十七篇的这篇《士丧礼》是孔子手定或口授孺悲写定的。这篇如此，那十六篇，谁能担保不是孔子手定或口授他人写定的呢？还有二点，我们尤其不可不注意。儒家不是主张"三年之丧"吗？三年之丧的礼制，起自何时？他们说是远古相传，尧、舜行过的。但下面三段记载却使我们怀疑他们的话。《论语》载："宰我问：'三年之丧，期已久矣。君子三年不为礼，礼必坏；三年不为乐，乐必崩。旧谷既没，新谷既升，钻燧改火，期可已矣。'子曰：'食夫稻，衣夫锦，于汝安乎？'曰：'安。''汝安则为之。夫君子之居丧，食旨不甘，闻乐不乐，居处不安，故不为也。今汝安，则为之。'宰我出。子曰：'予之不仁也。子生三年，然后免于父母之怀。夫三年之丧，天下之通丧也。予也有三年之爱于其父母乎！'"假使三年之丧是自远古相传，已成定制，则宰我那有这样大胆地怀疑？那敢提出减丧的主张？孔子也就这么老实，只骂宰我一句"汝安则为之"，竟不能禁止他不为，未免太离奇了。这可见三年之丧许是儒家创造的主张。《孟子》也有一段话，记滕定公死了，世子遣然友问丧于孟子，孟子主张三年之丧。"然友反命，定为三年之丧。父兄百官皆不欲，曰：'吾宗国鲁先君莫之行，吾先君亦莫之行也，至于子之身而反之，不可。'"这段话并没有后人伪造的痕迹，当然可信。滕、鲁先君假使行过三年之丧，滕的百官一定不敢反对。这点也可见三年之丧除了儒家以外，社会是不通行的。所以墨家攻击儒家，常拿这点做焦点。就是《礼记》也有一段话，越加可以证明。《三年问》："'三年之丧，何也?'曰：'称情而立文，因以饰群，别亲疏贵贱之节，而弗可损益也……''然则何以至期也?'曰：'至亲以期断。''是何也?'曰：'天地则已易矣，四时则已变矣，其在天地之中者，莫不更始焉，以是象之也。''然则何以三年也?'曰：'加隆焉尔也。'"期是一年之丧，本来至亲也以期为断。这里说的理由和上文宰我的理由一样，而三年之丧不过是更加隆重点。可见"至亲以期断"是原来的礼，三年之丧是儒家加重的礼了。我们看，一年之丧是很有理由的，现在世界上许多人种都是这样，可知是人情之常。本来古代也都如此，儒家加重的理由反不充足。孔子说："子生三年然后免于父母之怀。"所以子女应为父母服三年之丧，才可以报恩。其实这不过指乳哺而言。若说子女成立，至少也要到十余岁，要想报恩，至少要服十五年之丧才是。若说忘情则有一年大概也够了。由此可知三年之丧是孔子的主张，不是周公的制度。前人说是周公制的礼，恐怕有错了吧! ——为什么我们要详细讨论这个问题? 只因《仪礼》最后的五六篇都是讲丧礼的，都是讲三年之丧的，我们正可藉以推定这五六篇是孔子手定或儒家写定的。固然《仪礼》全部非都由孔子创造，如《乡饮酒礼》、《乡射礼》，依《论语》、《礼记》所记，孔子时已有。不过编定成文，也许全部出自孔子。因《士丧礼》决是孔子手定，其余也可推定是孔子审定过的，大致不会十分很错吧。

《仪礼》的年代，上文已推定了，以下还要附带讲《仪礼》共有若干篇，今文十七篇是足本否。《汉志》说："《礼古经》五十六卷，经七十篇。"（那七十两字已经后人证明是十七的错误。）什么是《礼古经》呢？《汉志》说："《礼古经》者，出于鲁淹中，及孔氏学七十篇文相似，多三十九篇。"（那七十两字也经后人证明是十七的错误。）因此，西汉末以后的古文家以为今本《仪礼》十七篇是不完全的，而今文家则以十七篇为足本。那三十九篇的目录，《唐开元礼》登载了。原文至唐后已不存，后人辑出了数十条，因为文体和十七篇不类，惹起多数学者怀疑，至邵懿辰著《礼经通论》便推定是汉人伪造的。今本十七篇所讲的，不外冠、昏、丧、祭、乡、射、朝、聘八种。《礼记》说孔门最重此八礼，可见十七篇是孔门所传。八礼以外的礼，或许从前有亦难讲。如投壶，《小戴礼记》有，如衅庙，《大戴礼记》有。但都是不通行的小节，或是孔门所不传。孔门所传的只是那八种大的礼仪，而那八种不在那十七篇之外。可见十七篇是孔门足本，其余三十九篇是汉儒采撷凑集的，虽然亡佚，不可足惜。有如《孟子》外篇给赵岐删削了，岂不省了读书者许多精神吗？

乙 《周礼》

《周礼》的来历，《汉志》没有说明，只著录了"《周官经》六篇，

《周官传》四篇"，也不过附在《礼经》后面。《隋志》可不同，既把《周官经》改名《周官礼》，著录在《仪礼》前头，又说："汉时有李氏得《周官》。《周官》盖周公所制官政之法。上于河间献王，独阙《冬官》一篇。献王购以千金，不得。遂取《考工记》以补其处，合成六篇奏之。至王莽时，刘歆始置博士，以行于世。河南缑氏及杜子春受业于歆，因以教授。是后马融作《周官传》以授郑玄，玄作《周官注》。"大概是根据《汉书·河间献王传》"献王所得书皆古文先秦旧书，《周官》、《尚书》……之属"一语。其实《献王传》的《周官》是否刘歆立博士的《周官礼》，还是问题，且不管吧，就是讲《周礼》的来历，也另有不同的说法。贾公彦《序周礼废兴》引马融《传》说："秦……政酷烈，与《周官》相反，故始皇禁挟书，特疾恶，欲绝灭之，搜求焚烧之，独悉，是以隐藏百年。孝武帝始除挟书之律，开献书之路，既出于山岩屋壁，复入于秘府。五家之儒，莫得见焉。至孝成皇帝，达才通人刘向子歆校理秘书，始得列序，著于录略。然亡其《冬官》一篇，以《孝工记》足之。时众儒并出，共排，以为非是。唯歆独识。……杜子春尚在，……能通其读，颇识其说。郑众、贾逵往受业焉。……"（现在的《后汉书·马融传》没有这段话，这所谓马融《传》，大概是马融的《周官传》。）《序周礼废兴》又说："《周礼》起于成帝、刘歆，而成于郑玄，附离之者大半。故林孝存以为武帝知《周官》末世渎乱不验之书，故作十论七难以排弃之。何休亦以为六国阴谋之书。"我们看了上面几段话，不免生出许多惊异。一、说起《周官》的来历，有的说，在汉武帝时，出山岩屋壁间；有的说，在汉时有李氏献给河间献王。二、既已出现了，为什么又隐秘不传？既秘隐了，为什么经过百年又出现？三、刘歆表彰这书，为什么众儒要反对？不惟当世，就是东汉百余年的儒者都反对。就是郑玄作注时，还有林孝存、何休要专著一书来反驳。我们看，《周礼》所以能够站得住，保存至今的，郑玄之功最多，他把来摆在《仪礼》前头。但因此，问题便多了。本书总论第三章讲过，中国人最早专著一书攻击伪书的，就是这场公案，林、何辨《周礼》。但一直到最近，孙诒让、章炳麟一派，仍旧相信《周礼》是周公致太平之书。我们带今文家的色彩的人却总是否认的。今文家说《周礼》是刘歆伪造的，我们可以公平点说，非歆自造，也许有所凭藉。最近出土的甲骨文，《周礼》有几个字和他的字相近，就如"飌""歔"，别书没有，《周礼》和甲骨文都有。因此，拥护《周礼》的人大喜，以为从此无人敢攻击他了。其实这点微小的证据，是不能救"《周礼》是周公所做"一说的命，不过可以减轻刘歆全伪之罪罢了。我说，这书总是战国、秦汉之间，一二人或多数人根据从前短篇讲制度的书，借来发表个人的主张（有如黄宗羲的《明夷待访录》）。主张也不是平空造出来的，一部分是从前制度，一部分是著者理想。惟其根据从前制度，所以有古书可证。如《左传》所载路馆之制，和他所载相同。但他却又不是全依旧制，觉得要如此如彼做才好，就如孙文的《建国方略》一样。只因他不能完全脱离周俗周制，所以后人说是周公做的。《孟子》和《礼记·王制》说"侯国方百里"，《周礼》说"侯国方五百里"。因时代不同，故主张不同。后人不懂，牵合为一，自然讲不通。春秋和战国初的国多地狭，所以侯国只可方百里。战国末，国少地辟，自然侯国可大些了。因此，益知《周礼》是战国以后的书。但刘歆为新莽争国，为自己争霸，添上些去，自然不免，或者有十之一二，好像《左传》一样。我们大概如此看法。所以对于这书，自然不相信是周公的书。若编周公或周代的史，拿来做资料，糟不可言。但拿一部分来分别看做春秋战国一度通行的制度，看其余一部分为政治学上的理想的建国制度，那是再好不过的。我们不可因其为战国人作，刘歆添，便认为无价值。须知以战国而有此种伟大人才留此种伟大理想在这部《周礼》上，那是我们的光荣，不是我们的污辱。不过我们若认为周公做的，那就反而把他的价值降低，害他成为伪书，岂不冤枉吗？

　　还要附讲的，就是《考工记》。《隋志》既说汉河间献王以《考工记》补《周礼·冬官篇》，所以今《周礼》前五篇和后篇分明是二部书。《考工记》的年代，向来看做在《周礼》以前，因其文体较古雅些，所叙之事也很结实，没有理想的话。除了迷信周公作《周礼》的人，否则没有不承认这说的。但是到底《考工记》是何时的书呢？有人说是周公的，有人说是西周，有人说是东周初。我都以为非是。我们只要一翻本文，便可知是战国末年的书。他的第一段便说："粤无镈，燕无函，秦无庐，胡无弓车。"燕是到春秋中叶才和诸侯往来的，秦是到东周初才立国的，粤胡是到战国末才传名到中国。因此，可知《考工记》是战国末的书，比《周礼》前五篇略早些，决不是孔子以前的。他的本身，向来没有人怀疑，他的可信的程度，比前五篇高得多，汉儒一定要拿来补入《周礼》，真是可笑。

丙 《礼记》

现在讲到"三礼"的最后一种。这种却有二部书，一部是小戴编的，一部是大戴编的，都叫做《礼记》。《礼记》没有真伪问题，总是西汉末刘向时已有的书。另外有小问题，是有三篇说是马融添上去的，已经人研究，并无其事。所以《礼记》全是西汉以前的，而没有东汉以后的东西。说起他的年代，《汉志》说是"七十子后学者所记"。不知是七十子和其后学者呢，还是七十子以后的学者？若依后解，则至戴德、刘歆都是七十子的后学者。他本是一种丛书，多少增减都可，绝对不是一时一人所记。现在的问题是有七十子所记没有，有孔子以前的作品没有。关于后题，《大戴礼记》有一篇《夏小正》，当然是很古的书。但有人说是大禹做的，和《禹贡》一样，那是不对的。《夏小正》上面讲的星象，据历来天文家推算，是在《月令》出书以后才有的，最少也是同时。所以我们不能认《夏小正》是大禹的书。还有前人因夏是朝代名，所以认《夏小正》是夏书。其实夏正建寅，以著《夏小正》的人也主张建寅，所以有此名称，那是我们前文已讲过的。另外，《佚礼》经后人辑出，有和《逸周书》相同的。《逸周书》的年代已是问题，或者有一部分是孔子后学记上的。但《大戴礼记·公冠篇》的颂词乃是汉昭帝行冠礼时做的，不能因其词同《礼记》便认为古礼。故此部分佚礼也有一部分是古礼，而大部分在孔子后。《礼记》的大部分是解释《仪礼》的，自然在《仪礼》之后，那

是不成问题。翻回来讲，有没有七十子所记？有多少？《大戴礼记》
有《曾子》十篇，《汉志》有《曾子》十八篇，或即同是一书，可认
曾子所做。《汉志》又有《子思子》二十三篇，沈约还看见，说有
《中庸》在里头。《小戴礼记》有四篇说是子思做的，许是取自《子思
子》。《小戴》的《缁衣》，刘向说是公孙尼子做的。《史记》也说《乐
记》是公孙尼子做的。《汉志》有《公孙尼子》二十八篇，六朝还存，
许是《礼记》所本。今各书均亡，真伪莫辨。假使都真，则《礼记》
这几篇可谓最早。但《曾子》八篇虽存，而《大戴》所载十篇文字浅
薄，不似春秋末的曾子所作，反似汉初诸篇，虽题曾子之名，却未敢
定。又如《中庸》，沈约说是《子思子》所有，而以思想系统论，当
置《孟子》后，文义由崔述考证，也是抄袭《孟子》的。到底《子思
子》是否孔子思所作，也是问题。《荀子》被《礼记》采抄的也不少，
如《修身篇》、《劝学篇》变成《大戴礼记》的《礼三本篇》与《劝学
篇》了。我们信仰荀子不会抄袭别人，而且那二篇的思想也确乎是荀
子的思想，可知一定是《礼记》抄自《荀子》，而且又戴上了曾子的
帽子。倘使不知底蕴，岂不又把他的年代提前百余年吗？此外，《月
令篇》，《吕氏春秋》、《淮南子》都有。文中有太尉字样，太尉是秦
官，所以大家认为吕不韦做的。但另有一本太尉写作太封，那又不见
得是。这都是小节，有太尉不为后，无太尉不为古，总是战国末世的
书。还有《王制》一篇，《经典释文》引卢植说是汉文帝时博士做的；
又有人说那篇不是这篇，这篇是周代的制度，汉文那篇大略已见《史
记·封禅书》；又有人说这篇的制度和《孟子》说的不同，一定是商

代的，更可笑。他们都不知这也是战国末的一种理想的建国方略也。全部《礼记》最末的一篇，许是《大戴》的《公冠》，出汉昭帝时。

　　总论《礼记》几句。他的性质是孔门论礼丛书。他是儒家思想，尤其是礼教思想最发达到细密时的产品。他是七十子的后学，尤其是荀子一派，各记其师长言行，由后仓、戴圣、戴德、庆普等凑集而成的。他的大部分是战国中叶和末叶已陆续出现，小部分是西汉前半儒者又陆续缀加的。他是一篇一篇可以独立，和上篇下篇没有连络的，和《仪礼》、《周礼》又有点不同。——以上讲《礼记》完，讲"三礼"亦完。

第五章　《春秋》及其三传

　　《春秋》这书是孔子做的，似乎没有什么问题。孟子说："孔子惧，作《春秋》。""孔子成《春秋》而乱臣贼子惧。"一直到现在，还没有人找到反证，否认这说。因为孔子自有一番意义，口授给门生，后来世代相传，写成文章，所以汉初出了好几部书，现存的还有《公羊传》和《穀梁传》二种。另外西汉末发现一部《左氏春秋》，刘歆说他也是解释《春秋》的，后人合称起来，就叫"三传"。我们现在拿来同时讲。

甲 《春秋》

《春秋》虽是孔子做的,但孔子以前有没有春秋这种名词,这种东西呢?《国语》晋悼公十二年,司马侯说:"羊舌肸习于《春秋》。"《左传》鲁昭公二年记:"韩宣子来聘,……观书于大史氏,见《易象》与《鲁春秋》。"《墨子·明鬼篇》引了周之《春秋》、燕之《春秋》、齐之《春秋》、宋之《春秋》。可见在孔子以前,周、晋、鲁、燕、齐、宋诸国都有《春秋》,其余诸国也许也有。

鲁国从前既有《春秋》,孔子又"因鲁史而作《春秋》",那何必呢?大概因为从前的《春秋》体裁不同,文辞不好,意义不明,所以孔子才用一番心思去改造。《墨子·明鬼篇》所引的大段故事,说是出自某国《春秋》,我们看来,倒有点像《国语》。每事自为起讫,篇幅很多,和孔子的《春秋》不同。孔子的《春秋》文章简单,年代明了,许是一种创作,前此没有的。这是一点。《公羊传》鲁庄公七年:"不修《春秋》曰:'雨星不及地而复。'君子修之曰:'星霣如雨。'"可见不修的《春秋》和已修的《春秋》是不同的。这是二点。《春秋繁露·深察名号篇》极力恭维《春秋》鲁僖公十六年"春王正月戊申朔,陨石于宋五"和"是月,六鹢退飞过宋都"一段的妙笔。虽未引不修的《春秋》原文,但可知孔子笔削是很用心不苟的。这是三点。所以《史记·孔子世家》说:"孔子在位听讼,文辞有可与人共者,弗独有也。至于为《春秋》,笔则笔,削则削,子夏之徒,不能赞一辞。"这当然是实情。

最近，先师康南海先生著《春秋大义微言考》，有一种冒险的计划，想根据《公羊传》的"何也"，"何以书"，去推究不修的《春秋》原文如何，来跟孔子的《春秋》比较。如"元年春王正月"，依先生说，不修的《春秋》是"一年春一月"。理由是因何休注说："变一为元者，元者气也。"可知原文是"一"，孔子改一为元。其余也可类推了。凡《公羊传》发了疑问的，就可跟着要改的理由，揣想不修的原文。这种工作是很有趣的，但因不修《春秋》佚了，先生这种计划能否成功，很难对证。

《孟子》说："世衰道微，邪说暴行有作，臣弑其君者有之，子弑其父者有之。孔子惧，作《春秋》。《春秋》，天子之事也。""孔子成《春秋》而乱臣贼子惧。"《史记·孔子世家》也说："孔子……乃因史记作《春秋》，……约其文辞而指博。故吴、楚之君自称王，而《春秋》贬之曰'子'。践土之会，实召周天子，而《春秋》讳之曰'天王狩于河阳'。推此类以绳当世。贬损之义，后有王者举而开之。《春秋》之义行，则天下乱臣贼子惧焉。"孔子藉《春秋》来发表他的政治思想、哲学思想，是历来儒者所同信的。《孟子》又说："晋之《乘》，楚之《梼杌》，鲁之《春秋》，一也。其事则齐桓、晋文，其文则史。孔子曰：'其义则某窃取之矣。'"《春秋繁露》、《史记》都说："《春秋》文成数万，其指数千。"可见孔子作《春秋》是有所取义的。那数千义，当然不能入《春秋》本文，只好口授给门弟子。门弟子一代一代，相传下去，到西汉中叶，就先写定了《公羊传》和《穀梁传》。那二传失了孔子原意没有，当然很难担保。但其中总有一半是由孔子以下，一代一代，口说相传的。还有的自然是汉儒根据孔子的标准，以意推定，不能说全是孔子原意。现在合并《公羊传》、《春秋繁露》、何休《公羊注》所说的《春秋》大义，也许还有数千。这数千义，有多少是孔子的，很难讲，但最少有一部分乃至一半。若依公羊家的眼光看来，那完全都是孔子的。

丢开《春秋》的大义不讲，就是本文，后来添了没有呢？今存的《左氏》、《公羊》、《穀梁》三家的经文，大段固然相同，小处的差异可太多了。就是说最后一页吧。《左氏传》是鲁哀公十六年，《公羊》、《穀梁》是鲁哀公十四年，就不同。《左氏传》因孔子死于十六年，想加上孔子死事，所以多添二年。（后来宗《左》的说左丘明续经。到底是谁续的，留到下面讲。）最少这二年不是孔子做的，因为孔子的《春秋》到"西狩获麟"就绝笔，是含有深意的。这是一点。又《公羊》、《穀梁》记"襄公二十一年十一月庚戌，孔子生"。这当然不是孔子记的，因为他没有做"卿"，不配记生死，而且自己也决不会记自己的生死。这是二点。既然可以添上二年或一条，此外添了没有也难说，许有多少是添上去的。——这是讲添的话。

《春秋》完备不完备呢？有没有残阙呢？也有问题。司马迁、董仲舒所说的"文成数万"，当然是经文的字数。但《春秋》今本只有一万八千多字，还没有数万。董仲舒是传《春秋》的人，司马迁是刻意学《春秋》的人，不致乱说。"万"字又不是讹误的字。那么，《春秋》有阙文，可以知道，可以断定了。又如常有"正月""三月"经文下没有一事。既没有事，又何必记月份？解辞者说："《春秋》虽无事，岁首必书。"也许固然如此，也许没有此种体例也难讲。不过，若说《春秋》阙了去，却又难以解释。几时阙的？秦焚已阙犹可说，但董仲舒、司马迁为何说"文成数万"呢？汉代阙的？汉代已是经学昌明之时，若说董仲舒能见的何休不能见，也很讲不通。所以我们又不敢讲《春秋》一定阙了这许多。但提出问题，也很可供大家研究。——这是讲阙的话。

年代问题，开头就已讲明是孔子做的，当然就是孔子时代。但孔子编的书，到何时才成功？向来说"绝笔于获麟"，那么，《春秋》是鲁哀公十四年春，B.C.四八一年成书的（这是公羊家说）。还有一说，孔子因有获麟的祥瑞才作《春秋》，那可很难相信。因为哀公十六年四月，孔子死了，上距获麟，刚好二年。二年能著成这部书吗？到底搜集史料于鲁史以外有多少，虽然不可确知，《公羊传疏》引纬书说，孔子命子夏等十四人求得百二十国宝书，虽然未能确信，但《春秋》记鲁国以外的事当然不单靠鲁史，当然要搜集外国史，虽未必有百二十国之多，多少总有，一定不是短时期所能整理清楚，二年所能成书的。所以我们比较的还是相信获麟绝笔之说为佳。从此以前不知编了几年，到此有感，或因年老了（七十一岁），或有他因，就搁笔不写下去了。这个相差有限，不过也得讲讲。——《春秋》算是讲完了。

乙 《左氏传》、《公羊传》、《穀梁传》

三传在西汉只有二传盛行。汉武帝立《公羊》博士，元帝立《穀梁》博士。哀帝时刘歆才请立《左氏》博士，因群儒反对，到平帝时才成功。西汉一般解释《春秋》的人都说"《左氏》不传《春秋》"。刘歆引传文以解经，极力表彰，和群儒起了一场恶战。到东汉以后，《左氏》的价值一天一天比《公羊》、《穀梁》高了。现先讲《左氏》。

西汉末，群儒和刘歆一派的争辨，后人叫他"今古文之争"。群儒是今文家，刘歆是古文家，竟成经学界二个派别，二千年一大公案。后来的今文家对于《左氏》和刘歆起了种种的猜疑。有的说，《春秋左氏传》整个的由刘歆伪造；有的说，《左氏》本名《春秋》，不是《春秋传》；有的说，本来只有《国语》，刘歆从《国语》分出《左传》来。清儒自庄存与、刘申受起，到康南海先生和崔适，对于这问题都各有深入的研究，现在懒得称引他们的著作了。据我看，《左氏》和《国语》的体裁和文章都各不相同，并无割裂的痕迹。从战国到西汉末称引《左氏》的不止一书，可见《左氏》不是刘歆伪造或从《国语》分出来的。现在且分二层讲：

一、《左氏》是何时何人做的。

二、成书以后有人增窜否。

《左氏》的作者，向来都认为孔子弟子左丘明。刘歆还说："左丘明好恶与圣人同，亲见夫子。而公羊、穀梁在七十子后。传闻之与亲见之，其详略不同。"其实所谓左丘明是姓左名丘明呢，还是姓左丘名明呢？也还是只有左姓丘名的人而并没有左丘明？都还难说，且不管罢。就是承认有左丘明这个人，也还有问题。《论语》上，孔子曰："巧言，令色，足恭，左丘明耻之，丘亦耻之。匿怨而友其人，左丘明耻之，丘亦耻之。"这种语气，决不是先生对于学生说的，倒很像晚辈敬仰先辈说的，和"述而不作，信而好古，窃比于我老彭"一样。就是说不是先辈是学生罢，也不是年轻的学生，一定是老成高辈，和颜路、曾点一流，岁数和孔子不相上下。况且《史记·仲尼弟子列传》又没有左丘明这人。说左丘明是孔子的学生恐怕就是从刘歆起罢，且也不管他。左丘明假定做了《左氏》，那么，记事应该到孔子死时为止，因为他的年纪寿命不能比孔子多多少。现在的《左氏传》怎么呢？鲁悼公、赵襄子的谥法已给他知道了。赵襄子比鲁悼公死得更晚一点，是周威烈王元年，B. C. 四二五年，上距孔子死时已五十四年了，和孔子年纪不相上下的左丘明到此时还能生存著述吗？——这可见《左氏》不是左丘明做的。

　　还有一点，《左氏》记的预言和卜卦，没有不奇中的。预言本不稀奇，对于某种现象有锐敏的观察者常常能猜中将来的现象。如《孟子》说："由今之道，无变今之俗，虽与之天下，不能一朝居也。"后来秦始皇得了天下，果然不久即亡。这也可说是政治家的预言奇中，但未必十拿九稳罢。如孔子说："天下有道，则礼乐征伐自天子出；天下无道，则礼乐征伐自诸侯出。自诸侯出，盖十世希不失矣；自大夫出，五世希不失矣；陪臣执国命，三世希不失矣。……禄之去公室五世矣，政逮于大夫四世矣，故夫三桓之子孙微矣。”这段话可失中了。自孔子死后百四十年鲁国才灭亡，三桓的子孙握鲁政还过了四五世。我们看《左氏》怎么样？几乎有言必中。如襄公二十九年季札聘齐，谓“齐国之政将有所归”。适晋见韩、赵、魏三卿，说“晋其萃于三族乎”？齐王孱弱，田氏专横，锐敏的政治家也许能够预料将来的结果；晋国则六卿并列，中行、范、智三卿最强，韩、魏、赵还是弱族，季札怎么有这们大的本领可以断言韩、赵、魏必有晋国呢？像这种符验的预言，比烧饼歌还灵得多，政治家不见得有这么一会事吧。卜卦的灵验更高过一切。如庄公二十二年，记“懿氏卜妻敬仲，其妻占之曰：‘吉。是谓……有妫之后，将育于姜。五世其昌，至于正卿。八世之后，莫之与京。’”后来一点不差，无论如何迷信的人也不能不动疑。这当然是后史喜带小说的有趣味的叙述，看见三家握晋政，田氏将篡齐，乐得说些开心的故事，来点染点染。或许田氏和三家那时已造成了祖宗光荣的事迹，后史便采用，也未可知。总之，不是本有的事。但我们却因此知道《左氏》这书是当三家将分晋，田氏将篡齐而未成功时的产品。三家分晋比田氏篡齐早一点，是 B. C. 四〇三年。做《左氏》的似乎没有看到三家分晋，所以《左氏》成书至迟不过 B. C. 四〇三年，即周威烈王二十三年。

清华研究院有一位同学，卫聚贤君，研究《左氏》很有发明，我已酌量采用了。还有一种最重要的发明，就是“左氏”二字的解法。他说是地名，不是人名，不是姓。《韩非子·外储说》说吴起是卫国左氏人，《战国策》也有左氏这地名，《别录》说吴起曾传《左氏》。卫君因此断定《左氏》这书因吴起是左氏人所以才名左氏，并不是因作者姓左才名左氏。假定这说不错，书果由地得名，果因吴起传下，那么，《左氏》成书总在吴起生前。吴起是周安王二十一年，B. C. 三八一年死的，那么，就是放弃前段的主张，《左氏》也一定是 B. C. 三八一年以前做成的，不能在此年以后。

《左氏》是什么时候才通行的呢？晋太康二年，汲郡人发魏襄王冢，得了许多书，其中有《论语·师春》一篇，书《左传》诸卜筮。据此，可见当魏襄王生前，《左氏》已通行了，所以《师春》才可以得来抄撮。魏襄王是周赧王十九年，B. C. 二九六年死的，可见《左氏》至迟到此时已通行了。——总绾上面几段，可以说《左氏》成书大约在 B. C. 四二五至四〇三这二十余年间，通行是在 B. C. 二九六年以前。至于到底是什么人做的，卫君说是子夏，不能武断，最多只能说有可能性。

关于第一问题，《左氏》的年代大概已如上决定了。但今本《左传》是当日《左氏》原本否？那当然不是，给后人增窜上去的，不知有多少哩！如文公十三年，士会归晋一段，末尾有"其处者为刘氏"一语，上面分明说"秦人归其孥"，怎么又有处者呢？据后人考定，那时还没有刘氏，到刘邦得天下，才认尧为祖，士会为宗。《左氏》这句许是汉人加上去的。战国初年的作者不见得会恭维刘氏皇帝，给他拉拢阔祖宗吧。

但这还是小节，最主要的是"《左氏》不传《春秋》"的问题。今本《左传》如"不书即位，摄也"一类解经的话是真是假，今文古文之争全在这点。《汉书·刘歆传》明说："初《左氏传》多古字古言，学者通训故而已。及歆治《左氏》，引传文以解经，转相发明，由是章句义理备焉。"从前《左氏》并不解经，到刘歆才引以解经。其实《左氏》是一部独立的真书，依仿孔子《春秋》而作，并非呆板的和《公羊》、《穀梁》一样。他上面记的事，有的比《春秋》早数十年，有的比《春秋》迟数十年。尤其是叙晋的事，他和《春秋》对勘，有的事彼有此无，有的事彼无此反很详。可见《左氏》全是单行的、独立的、有价值的史书，绝对不传《春秋》。那些解经的话是刘歆捣的鬼。他想战胜他父亲一派的今文家，所以找一部和《春秋》无关，在西汉无人读习的书，添上些解经的话，来压倒《公羊》、《穀梁》二家。后人不察，大半给他蒙了。有些激烈的今文家，又说《左传》全是刘歆伪造的。我们折衷的说，不承认刘歆伪造《左传》之说，而断定《左氏》是战国初年人做的。我们一面要知道《左氏》在史学上有非常的价值，欲研究春秋情形，非善读此书不可，不可因他有后人增窜的句子就贬损他的价值；一面也不能相信刘歆、杜预这些人的话，说左丘明禀承孔子的意思，作《传》以绍《春秋》。假使我们把解经的或假添的钩去（经过很细密的考证以后），那么，《左氏》是一部真书。

最后，《左氏》的书名也得讲清楚。现在通称《左传》，其实绝对不是原名。原名只是《左氏春秋》，和孔子的《春秋》、《虞氏春秋》、《吕氏春秋》一样，自成一家之言。孔子可作《春秋》，虞氏可作《春秋》，吕氏可作《春秋》，战国初年，B. C. 四二五至 B. C. 四〇三年间的作者也可作《春秋》。春秋左氏传是刘歆杜撰的名词，左传是后人的简称，所以现在《左传》这部书是真的（真中也有些伪），"左传"这个名词是假的。

《公羊传》、《穀梁传》的时代，以立学官的次第而论，《公羊》在前，《穀梁》在后。这二部书，什么时候才写成，作者据说是公羊高、穀梁赤。这二人是什么时候的人，都很难定。《孟子》有公明高，"明""羊"同韵，有人说是一人，也是揣测之辞。公羊是否高，穀梁是否赤，二书是否高、赤做的，似乎都不是。现在《公羊传》有"公羊子曰"，《穀梁传》有"穀梁子曰"的句子，可见书是公羊子、穀梁子以后成的。公羊子、穀梁子又未明说是赤是高，可见向来说是赤、高所作，也未必可信。《公羊传》又有尸子，《汉志》有尸佼，是否一人？若是一人，则《公羊传》成于商鞅之后。大约《公羊》是齐派，《穀梁》是鲁派，自孔子以后就各自口说流传，至汉乃垂之竹帛。本来西汉以前的儒者传经，多是口说的。但《公》、《穀》为什么不早垂竹帛，要到汉代才写出书来？据那些传经者说，因为孔子在《春秋》上暗中常常褒贬当世，不方便用笔写出，所以告诉他的弟子。弟子世代口传，但不写出的理由不必因有所褒贬，或者弟子当孔子作《春秋》时，听得些零碎的见解和主张，记在心里，传给他们自己的弟子。于是辗转口传，至若干年后，才觉得有写出的必要，这自在情理之中。至于《公》、《穀》所讲的话，到底对不对，那还是问题。《左氏》固然不传《春秋》，《公》、《穀》就能不失孔子本意吗？我们看

《公》、《榖》不是一个时代的产品。自孔子以后，一直到汉武帝、宣帝时，历代儒者各有一点见解渗透在里，积累得太多了，有一二人把他写成一部编年解经的书。所以二家都说是孔子口授的，却是彼此常常矛盾冲突的缘故，就是因为后儒各有一点见解渗透在里。我们懂得这点，看见董仲舒的《春秋繁露》，何休的《公羊注》，和《公羊传》、《榖梁传》常有大同小异，才不会惊奇，才不是此非彼。关于《公羊传》、《榖梁传》的真伪和年代问题的解答，可以总绾一句，无所谓真伪，因为都不是一人做的；至于年代从 B.C. 四八一年至 B.C. 一三六年，凡三百余年才写定成书，也不要确实指出什么年代。我们知道是孔门后学对于《春秋》研究的成绩大全就够了。

第六章 《论语》、《孝经》、《尔雅》、《孟子》

　　所谓"十三经"，现在已讲完了九种，剩下的只有《论语》、《孝经》、《尔雅》、《孟子》四种。这四种中，最重要的且最多问题的是《论语》，现在先拿来讲。

甲　《论语》

　　《论语》，比较的最可信，现在要研究孔子和儒家的学术，除了他没有第二书更好了。不过他的各篇各章，也须分别看待。为什么呢？因为他不是短时期内一个人做的。《汉志》说："《论语》者，孔子应答弟子时人及弟子相与言而接闻于夫子者也。当时弟子各有所记，夫子既卒，门人相与辑而论纂，故谓之《论语》。"这段话不全对。《论语》固然有一部分是孔子生前孔子的弟子所记，但还有一部分是孔子死后数十年乃至百年，孔子的再传弟子所记。试看有子、曾子独称"子"，而其他自颜回、子夏以下都不称"子"，可知有许多是有子、曾子的弟子记的。又看许多称了谥法的人死在孔子死后数十年，那当然是时代很晚的人记的。《论语》本来不是有统系的书，和《孟子》不同。《孟子》的篇章都是有意义的衔接，似乎曾经孟子亲眼看过。《论语》不然，大约是孔子再传弟子编辑的，没有经过一人的裁定，所以后来《古论》、《齐论》、《鲁论》的参差多寡，却和《礼记》相似。《礼记》也是孔门后学追述孔子及其弟子的往言遗行，和《论语》的性质无异，所以也有《大戴礼记》、《小戴礼记》的不同。不过《礼记》的年代尤其晚，择别也没有《论语》的谨严。这类不是一时一人所记的书，近代也有，拿来比较，很有趣味。譬如王阳明的《传习录》，篇数不过三卷，年代却有数十年。最前的一部分是阳明三十八岁初设教以后数年内徐爱记的，最末十分之三是阳明死后黄省曾等记的。前面这十分之七和阳明本集的话相符，很得真相，后面这十分之三如"草木瓦石皆有良知"这类的话有许多不是阴明说的，已经刘蕺山、黄梨洲怀疑而且证明了。《传习录》完全是阳明弟子记的，尚且有真有假，《论语》只有一部分是孔子弟子记的，其余大部分都是孔子再传三传弟子记的，能够不失孔门的真相吗？说起《论语》只有一部分是孔子弟子记的，这并不稀奇。古时写字不便，所以有许多相传很久，前数十年听的，后数十年才记写成文。《论语》所以有大部分是孔子再三传记的，就是这个道理。他既然不是一人记的，当然各有不同。譬如我讲话，你们几十个人各有所记，不经我看过，自有异同，而且难得真相。所以《论语》的性质，并不纯粹是孔子的，并不从一个人手里出来。当口说相传，逐渐成文，以至最后辑为一书，不知参加了多少人的主观见解、荒谬传说。我们明白了这点，才可以读《论语》。所以这部书里，极得孔子真意的也有，不得孔子真意的也有，大谬不然的议论和事迹也有，乃至原书所本无，后人在别处偶有所闻，随手记在这书空白的也有。最后这种并不稀奇，现在可说个同样的故事。清初衡阳王船山不肯降清薙发，逃入荒山，没有法子得到纸张，应该不能著书了。他死后，家人搜寻他的著作，零零星星，却在历本账簿的书眉字缝的空白地方。近代尚且如此，古代写字在竹简上，多么麻烦。现在小小一本《论语》，古代的竹简至少有一大箱。所以古人读了别的书，听了别的事，懒得另外动用新的竹简，随手就记在现在的书上，那是情理中的事。不过像王船山写字在刻本上，后人还可看出。古人新写旧刻都一样，却无从分别。所以别人看了，常认为完整的书，没有想到参杂了别的。《论语》各篇末尾几乎都有一二章不相关的话，那自然是读书在这种情形之下，添上去的。不幸无识的编者，一味贪多，所以不但后人记得不对、荒谬不然的都收进去，就是这种毫无关系，随手写在空白上的也都收进去了。

　　《论语》虽说是这样一部杂凑的书，但自汉至清，历代尊重，他的力量在学术界比任何书都大。所以大家始终不敢怀疑，几乎议及一字就是大逆不道。不过这样尊重太过了，反而减损他的真价值。后人为非作恶，常常假托《论语》上那些荒谬事，说圣人尚且如此，别的人看着他这样也没有办法，真是可笑。其实若不太过尊重，让学者去考定真伪，把他们的虎皮揭去，他们就不敢假词作恶了。清代乾隆、嘉庆之间，有位崔东壁就抱这种思想。他是极力尊重《论语》的人，但和别人不一样，他对于《论语》的精粹真确处，尽情发挥；对《论语》的驳杂伪讹处，细心辨别。他这种态度和他的结论，我都赞成。今天所讲，就把他的意见转述一番。

崔东壁的结论：《论语》前十篇自《学而》到《乡党》最纯粹，几乎个个字都是精金美玉。后十篇稍差，尤其是最后五篇，最多问题。——《子张篇》全记孔门弟子，非孔子言行，可不论。《季氏》、《阳货》、《微子》、《尧曰》却有许多不是真书了。他的看法有几方面。

一、从文体看。《论语》的词句是最简单不过的，"有教无类"一章才四个字，多的不能过一百字，大部分总是二三十字。所以那些长篇大论，洋洋数百言的，我们不免怀疑。如"子路、曾皙、冉有、公西华侍坐"一章有四百一十五字，"季氏将伐颛臾"一章有二百七十四字。这种文体到战国初年才有，孔子当年是不会有的。还有，《论语》的笔法是很直截了当的，正文前面没有总帽子。前十篇，乃至前十五篇都如是。后五篇可不然。如《阳货篇》："子张问仁于孔子。孔子曰：'能行五者于天下，为仁矣。'请问之，曰：'恭、宽、信、敏、惠。'……"假使子张不再请问，岂非一个闷葫芦？这种笔法，到

《逸周书》才很多。《逸周书》是战国产品，《论语》后五篇不见得是春秋产品吧。

二、从称呼看。《论语》前十篇，弟子问孔子，只记做"子夏问孝"，"樊迟问知"，不会记做"子夏问孝于孔子"，"樊迟问知于孔子"。因为问是弟子跑去问，问于孔子是叫孔子来问，弟子当然不能叫孔子来问。后十篇可不然。《宪问篇》有"南宫适问于孔子"，《尧曰篇》有"子张问于孔子"，《季氏篇》更有不通的"冉有、季路见于孔子"。这类不合文法的称呼，恐怕不见得是当时的真相罢。这是一点。前十篇称孔子说为"子曰"，后十篇称孔子说为"孔子曰"，又不同。固然称呼可以自由，但可知必非一时所记。也许后来称"子"的人太多了，所以后十篇的记者加上一个孔字以示分别。这是二点。春秋时代，当时谈话，不称夫子，单称子，如英语的 You。先生称学生，学生称先生，都可称子。如《述而篇》孔子称弟子为二三子，《公冶长篇》子路向孔子说"愿闻子之志"。那时虽然也称先生为夫子，但只能在背面时作第三人称。如《公冶长篇》子贡说"夫子之文章"，《八佾篇》仪封人说"天将以夫子为木铎"，都等于英语的 He。《论语》前十篇关于这点和原则相合，后十篇尤其是最后五篇——可不然。《左传》里的"夫子"也和原则相合，战国诸书可不然。由此可知《论语》后十篇——尤其是最后五篇——大概在战国时代才写成文章。这是三点。——综合三点来看，结论都是相同。

三、从事实看。《论语》的记事很有可笑的地方，最离奇的是"佛肸召，子欲往"一章和"公山弗扰以费畔召，子欲往"一章，前面总论第四章已讲过。《左传》定公十二年公山弗扰以费畔时，孔子正做司寇，和现在的司法总长一样，很用力打平那反畔的县长。以情理论，那有现任阁员跟县长造反，藉口想实行政策？佛肸造反，在赵襄子时。赵襄子当国在孔子死后五年，佛肸有何神通能从坟墓里掘出孔子来？孔子有何妙术，能死了还会说话？这二章不是后人诬蔑孔子是什么？还有"季氏将伐颛臾"一章，说什么"冉有、子路见于孔子"。前段既已指出文法的不通，就是事实也不对。冉有、子路固然都做过鲁国的官，但后先并不同时。子路年长，和孔子同时做官；冉有年幼，到孔子晚年将返鲁之前才做官。《左传》在哀公时有一段说季氏欲加田赋，因为孔子是个元老，所以找他的弟子冉有去请教。冉有三问，孔子都不答复。那时孔子周游回国，声誉日高，已占有元老的地位。《论语》那段话恐怕就因此影射出来，也说季氏找孔子弟子去请教孔子。不料这二位弟子不接头，冉有做官时，子路已往卫国去了。就是丢开不管，那季氏伐颛臾的事根本就不必是真。《左传》两国相伐必书，季氏既伐了颛臾，《左传》为什么不书呢？孔子在《论语》这章说颛臾的话也和《左传》说的不对。综合这几种疑点，这章未必可靠吧。

四、从学说思想看，《论语》也有些部分不大对的。如"子路、曾皙、冉有、公西华侍坐"一章，说孔子称赞曾皙的志趣。后来宋学最重这章，周敦颐、程颢、陈献章最称道曾皙。这章固然很好，但和孔子思想却不十分对。孔子最重经济实用，这章却裁抑忧国救时的子路、冉有、公西华，奖励厌世清谈的曾皙，在孔门思想系统上显然冲突。这章自然靠不住。又如"长沮、桀溺耦而耕"一章，那种辟世的思想带了极浓厚的老、庄色彩，不应在春秋时有，有亦不应这么浓厚，尤其不应在孔门产生。这章的年代自然不很早，快到《庄子》寓言的境界。

五、从突兀的事语看。《论语》有许多不是孔子或孔门的话和记事，杂在里面，很没有道理。如《尧曰篇》共三章，三百六十九字，尧训舜、舜训禹一章占了一百五十二字。既不是孔子或孔门的话，又不和孔子或孔门有关系的事，记上去干吗？这类在后数篇的最末，差不多篇篇都有。如《微子篇》的"逸民""大师挚""周公""周有八士"四章，《季氏篇》的"邦君之妻"一章，都没有一点意思。还有一章近于诬蔑孔子挖苦孔子的。如《雍也篇》："子见南子，子路不悦。夫子矢之曰：'予所否者，天厌之！天厌之！'"这更突兀。孔子就是见了南子，南子虽是个很坏的君夫人，子路何必不喜欢，孔子又何必发誓呢？

综合上述五方面，《论语》的十八九虽是精粹之作，其余的有些不相干，有些很荒谬，都不必真书。那些伪的来历如何，谁增窜的？当然是孔子死后乃至战国中叶、末叶的儒者增窜的。因为孔子刚死时，那些弟子还没有想到把听来的话记出来，只是口说相传，当然不免失了真相。后来渐渐写成文章，又不是一人的工作，大家不免各有主观参和。又刚好道家思潮汹涌，孔门弟子自然受了多少的影响，所以不知不觉的写成"长沮、桀溺耦而耕"一类的文章。这些带了道家色彩的，比较的晚出，快到孟子、庄子的时代了。还有那些极荒谬的话，如"佛肸召，子欲往"一类的，只能推为战国中叶那般无聊的政客，朝秦暮楚，有乳便是娘，人格扫地，却又对不起良心，捱不起恶骂，只好造孔子的假事，窜进《论语》，来做挡箭牌，说孔子也跟我一样。还有那些篇末的怪事和无干的话，或者是一二读者心血来潮，忽然想到别的事，随手填刻在空白里，后人不知就里，看做宝贝，去研究微言大义。若说穿了，那真一钱不值哩！还有"子见南子"一类的也是后来的话，或者有好事的人听了一种传说，不辨真伪就添上去，并不是原来编书的人有心要这章的。这是崔东壁推求出来的原因，大概都很对。

《论语》是驳杂的书，从传授方面也可看出。《汉志》："《论语》古二十一篇，《齐》二十二篇，《鲁》二十篇。"从前讲过先秦至汉，儒家有齐派、鲁派，各经皆大同小异，而鲁皆是今文，与古文不同。汉人所传的三种《论语》都已亡佚，只存篇目。《论语集解序》说："《齐论语》二十二篇，其二十篇中章句颇多于《鲁论》。……《齐论语》有《问王》、《知道》，多于《鲁论》二篇。《古论》亦无此二篇，分《尧曰》下章子张问以为一篇，有两《子张》，凡二十一篇，篇不与齐、鲁《论》同。"因为他们都各有祖传，所以各不相淆。鲁派思想较正，齐派多谈玄学，《古论》又不相同。假使三部《论语》至今尚在，则可知何者所采能得孔子的真相，不料西汉末有个张禹把三部并成一部，现在不能见到原本如何了。张禹是个最有福气，做了大官，恭维王莽，乡愿气质十足的人。他传《论语》，因为三部不同，不方便，很冒昧的用己意合编。他删削了没有，不知道。《古论》、《齐论》比《鲁论》更多的都给他并入《鲁论》二十篇里了。他怎么样改动，也不知道，许是前十篇没有动，把《古论》、《齐论》多的分别拨在《鲁论》后十篇里头了。《鲁论》原来的篇次如何，也不知道。我们看，《子张篇》全记孔门弟子的言事，从前大概在《鲁论》最末。因为前十九篇记孔子直接的，最末一篇记孔子间接的，很合理法。现在的《论语》却排《子张篇》在第十九，很奇。也许《尧曰篇》就是《齐论》的《问王》、《知道》。此外也许有《古论》、《齐论》，此有彼无，此无彼有的，也都补上《鲁论》里了，所以免不了有重出。《鲁论》固不能无假，而切实较得孔子真相，或可推定，因为孔子是鲁人。前十篇大概全是《鲁论》原有的，而添上的极少，有也在篇末。第十九篇应认为《鲁论》的最后一篇，第十六、十七、十八、二十，许多半是参杂了《齐论》、《古论》，所以和前十五篇时有冲突矛盾。

《论语》的真伪和年代问题，上文大略已解决了。除了"《子张篇》是《鲁论》末篇"和"篇末突兀记事，是读者随手从别处填入《论语》空白"两种主张以外，大都是崔东壁的话。我们要想精察求真，与其轻信，不如多疑。诸君欲知其详，可看《洙泗考信录》。

乙　《孝经》

《孝经》是"十三经"的一部。古人最重通经，若像这经，通起来最易，解绎意义，读几年书的人就行。列为一经，本极可笑。若论他的文章，和《礼记》相同，倒很像是《礼记》的一部分。因为汉儒重谶纬，《孝经》有元神契，说了什么"孔子志在《春秋》，行在《孝经》",所以极力推尊《孝经》的,就说是孔子所作了。其实那上面记的都是孔子和曾子问答之辞,不惟不是孔子做的,而且不是曾子做的,最早也不过是曾子门人做的。以文体论,若放进《礼记》,倒非常像。他的年代不能很古,在战国末至汉初才有。经的名词,从前没有,《汉志》还不称经而附六艺之末,西汉中叶才叫他经。《庄子》有"孔子翻十二经"之句,《墨子》有经上、经下篇。以经名书最早在墨、庄时代,不能阑入孔子时代。以六艺名六经,起自西汉。孔子并不以经名书,纵使跟汉人称呼,也只可以之称《诗》、《书》、《礼》、《乐》,不可以之称《论语》、《孝经》。《论语》、《孝经》只是传记,不配称经。这个书名实在很糟。只有孝字,又不成名词。在汉以前,《易》、《书》、《诗》都可独称,《孝经》可不能。所以可推定,也许不是战国的书,而是汉代的书,最早不能过战国。这部书不是孔子做的,只可放入《礼记》,作为孔门后学推衍孝字的一部书。

丙 《尔雅》

《尔雅》是最古的训诂书,后来说是周公所作。里面有"张仲孝友"的话,张仲是周宣王时人,可见决不是周公作的。他所解释的字大半是《诗经》的,《诗经》大半是春秋作品,那当然他的年代又在《诗经》后。《释地》解九州五岳,乃是汉初地理,那么不惟非周公时书,且非孔子以前的书。所以可大概推定,《尔雅》是汉儒把过去和同时的人对于古书的训诂抄录下来,以便检查的书。换句话说,不过一部很粗浅的字典而已。其初并不独立，在《大戴礼记》或《小戴礼记》已有一篇。一直到三国张揖作《上广雅表》时还说："爰暨帝刘，鲁人叔孙通撰置《礼记》，文不违古。今俗所传三篇《尔雅》，或言仲尼所增，或言子夏所益，或言叔孙通所补，或言沛郡梁文所考，皆解家所说，先师口传，既无正证，圣人所言，是故疑不能明也。"《礼记》最初是叔孙通编纂的，《尔雅》当初不过其中的一部分。现在《尔雅》有十二篇，是否完全是当时《礼记》的一部分，未可知。但《白虎通》所引的《礼记》语不见于今《礼记》，而见于今《尔雅·释亲》；《孟子》赵岐注所引的《礼记》语不见于今《礼记》，而见于今《尔雅·释亲》；《风俗通》所引的《礼记》语不见于今《礼记》，而见于今《尔雅·释乐》；《公羊》何休注所引的《礼记》语不见于今《礼记》，而见于今《尔雅·释水》。那些作者都是东汉人，却没有看见今《尔雅》，可见东汉时代今《尔雅》尚未通行，尚未独立，而是《礼记》的一部分。假使今本已通行独立，他们为什么不叫他《尔雅》呢？但那时既附在《礼记》里，篇幅一定没有今本那么多。今本之多，由于刘歆。刘歆才特别提出这书来，有一回征募了千余能通《尔雅》的人，令各记字廷中。也许就因这回，《尔雅》才变成庞然大物。现在一般小学家以为这书很了不得，甚至仍旧看做周公作的。其实西汉人编的字典，刘歆又扩大些，干周公什么事呢？因为他有些古名物才保存，绝对不应列为经的一种。古来字典很少，西汉的《尔雅》自然比不上东汉的《说文》。《说文》较有系统，《尔雅》特为杂凑。我们若认《尔雅》为经，便上了刘歆的当。

丁 《孟子》

谈到《孟子》这书，我们应该道谢赵岐。《史记·孟荀列传》只有《孟子》七篇，另外四篇为外书。刘向、刘歆正式承认有十一篇，所以《汉志》有《孟子》十一篇。到了东汉末，赵岐注《孟子》，以锐敏的眼光，说"外篇其文不能闳深"，非孟子所作，削去不注。后来那伪外篇亡了，很不足惜。现在《拜经楼丛书》里又有，乃是明姚士粦伪造，尤无价值。《孟子》自来是子书，应在讲诸子时讲，只因一面没有时间讲诸子，自宋以来又都公认《孟子》为经，所以只好顺便在讲经的最末讲讲。至于他的年代是没有问题的，大约是孟子弟子所编，曾经孟子看过。现行七篇也没有可疑为伪的地方。

* * * *

这一堂讲演虽然经过了半年，但因次数太少，钟点太短，原来定的一小时，我虽然常常讲到两小时，仍旧不能讲得十分多。幸亏总算讲完经部各书了。最可惜的就是没有讲子部，子部最要紧，又最多伪书和年代不明的书。下年我能否再和诸君在一堂聚谈，很难自定。其故，一、像这样危疑震荡的时局，能否容许我们从容讲学，很是问题。二、我自己自从上年受过手术以后，医生忠告我，若不休息是不行的。好在我们相见的机会还很多，再见再见。

以上两卷系十六年二月至六月在北京燕京大学讲义

附　录

子书五种

伪书之多，子部为最。自《汉书·艺文志》中九流、兵书、方技三略所列古书，班固已注明大半系后人依托。其后赝品，尤层出不穷，辨不胜辨。今兹所论，限于现存之书，其先后以所依托之年代古近为次。书虽非伪而其著者之年代有问题者，亦详论之。若不属子部或属而非依托两汉以前者，可无辞也。

甲 《本草》

旧题神农撰。按：本草之名，始见于《汉书·平帝纪》及《楼护传》，皆与方术对举，不为一书专称。(注一)《艺文志》中医经、经方二栏所列，俱无名本草之书。(注二)则西汉末年，虽有研究本草之人，而其著书尚不名"本草"，可知也。以本草名书，最早见于著录者，晋荀勖《中经簿》有《子仪本草经》一卷，(注三)但未言系神农所撰，子仪亦不知系何时人。梁阮孝绪《七录》始著录《神农本草》五卷，《神农本草属物》二卷，并有蔡邕、吴普、陶弘景……等《本草》十六种。(注四)及隋唐而大半亡佚。《隋书·经籍志》仅有《神农本草》八卷，又一种四卷，又一种三卷，则名《神农本草经》。各家内容与《神农本草》内容之同异，今不可考。是否各自单行，毫无关系，亦无由知。(注五)然蔡邕、吴普系东汉、三国间人，则东汉、三国间已以本草名书。《中经簿》无《神农本草》，而《七录》有之，则神农撰《本草》之说，起自南北朝，俱信而有征也。医学在战国，盖已发达。(注六)战国固诸子托古自尊之时，意当时已有神农尝百草之说，若许行之为神农之言然。西汉一代，言医者谓之治方术，言药者谓之治本草，医经、方术、本草之书，已有数十万言。《汉志》所录医经、经方之书且五百卷。则本草草创，或由斯时。东汉、三国间，始以本草名书。吴普又华佗弟子，是今本《本草》与华佗、吴普有密切之关系，或即以吴普《本草》为基础，亦有可能性也。《中经簿》之《子仪本草》或亦彼时之书。彼时初无神农撰《本草》之说，所谓《某某本草》者，特某某研究药性所著之书耳，初不必千篇一律，皆祖述神农。晋人清谈，亦好托古，有似战国，以《本草》归之神农，或酝酿于晋代。故梁人《七录》遂有《神农本草》及

《某某本草经》。其时旧经止一卷，药三百六十五种。陶弘景增《名医别录》，亦三百六十五种，因注释为七卷。(注七) 自后，代有增益，多至六七倍，(注八) 而犹假号神农，此其荒谬，不论可知。即所谓旧经一卷，俗医犹有信为神农作品者，不知南北朝人即已不置信，宋人且已断言系东汉末人所编述。陶弘景《本草序》云："轩辕已前，文字未传，药性所主，当以识识相因。至于桐（君）雷（公）乃著在于编简，此书当与《素问》同类。"则陶氏已不坚持神农撰《本草》之说。又云："所出郡县乃后汉时制，疑（张）仲景、（华）元化等所记。"同时稍后，北齐颜之推亦有同样结论。(注九) 至宋晁公武《郡斋读书志》始因此直认《本草》为张机、华佗所编述，非神农或桐、雷所撰著。(注十) 故此书在东汉、三国间盖已有之，至宋、齐间则已成立规模矣。著者之姓名虽不能确指，著者之年代则不出东汉末讫宋、齐之间，可为定论。若仍固执俗说，附会证据，若清人孙星衍之所论，则嫌于辞费耳。(注十一)

(注一)《平帝纪》："诏天下举知方术本草者。"《楼护传》："护诵医经本草方术数十万言。"

(注二) 孙星衍《校定神农本草经序》："予按《艺文志》有《神农黄帝食药》七卷，今本讹为'食禁'。贾公彦《周礼医师疏》引其文，正作'食药'。宋人不考，遂疑《本草》非《七略》中书。"按此可备一说，未为定论。

(注三) 贾公彦《周礼疏》引。

(注四)《隋书·经籍志》自注引。除蔡、吴、陶三家外，尚有随费、秦承祖、王季璞、李谠之、徐叔向、甘濬之、赵赞诸家。书之卷数，自一卷、二卷、三卷至五卷、六卷、七卷、九卷、十卷不等。可见各家内容，未必尽同，或且迥异。

（注五）《隋志》另有《甄氏本草》三卷，无自注。《本草经》四卷，注云："蔡英撰。"《本草》二卷，注云："徐大山撰。"据此，则隋唐尚存之《本草》，各家仍不相谋。且一家著书，亦可称《本草经》，不必神农。故《七录》所列诸家《本草》之内容，亦不必皆与《神农本草》从同。以《本草》归之神农者，特其中一家之言耳。

（注六）先秦遗书多有载医理及医生实迹者。

（注七）据陈振孙《直斋书录解题》，陶弘景所注《本草》至隋、唐间已亡佚。其《名医别录》则混入《本草》旧文，尚存而不可辨。

（注八）《直斋书录解题》："唐显庆又增（药）一百十四种，广为二十卷，谓之《唐本草》。（宋）开宝中，又益一百三十三种。蜀孟昶又尝增益，谓之《蜀本草》。及嘉祐中，掌禹锡、林亿等重加校正，更为补注，以朱墨书为之别，凡新旧药一千八十二种，盖亦备矣。今（唐）慎微复有所增益。"按唐氏之本，即所谓大观本也。后明人李时珍又广为《本草纲目》，篇幅益富。

（注九）颜之推《家训》："本草，神农所述，而有豫章、朱崖、赵国、常山、奉高、真定、临淄、冯翊等郡县名，出诸药物，皆由后人所羼入，非本文。"

（注十）《郡斋读书志》："书中有后汉郡县名，盖上世未著文字，师学相传，至张机、华佗始为编述。"

（注十一）详见孙氏所作《校定神农本草经序》，其说不足辨。

乙　《素问》、《灵枢》、《甲乙经》

旧皆题黄帝撰，其谬与《本草》题神农撰相同。按：医学在战国已有蓬勃之气，《吕氏春秋》多有讨论摄生治病之篇，皆推本于哲理。

战国学界竞尚托古，而阴阳五门之论亦甚盛。今《素问》有黔首、夜半、平旦等词，盖秦人用语；有失王、失侯等词，则汉代新事；而又每以阴阳五行解释病理，自受阴阳家盛行之影响。全书体裁托为黄帝与岐伯问答，则又与《庄子》托为黄帝与广成子问答同也。由是言之，《素问》全书非黄帝所撰，其一部分不失为先秦遗说，其大部分则自两汉至三国若仓公、张机、华佗之徒所附益而成者。《汉志》不录而有《黄帝内经》，说者谓即是书，亦附会之词耳。（注一）《灵枢》较《素问》尤晚出。《素问》犹见录于《隋志》，则犹隋唐以前之书。《灵枢》则汉、隋、唐《志》皆所不录。而唐王冰犹谓即《黄帝内经》十八卷之九也。夫谁信之？自宋晁公武《郡斋读书志》即已引或人之说，谓"好事者于皇甫谧所集《内经·仓公论》中抄出之，名为古书"，然犹未列证据。清杭世骏《道古堂集·灵枢经跋》始云："余观其文义浅短，与《素问》之言不类，又似窃取《素问》而铺张之，其为王冰所伪托可知。后人莫有传其书者。至宋绍兴中……始出，未经高保衡、林亿等校定也。其中《十二经水》一篇，黄帝时无此名，冰特据身所见而妄臆度之。"是则《灵枢》且较《甲乙经》为晚出，若目之为唐虞以前之书，则失之远矣。《甲乙经》，《汉志》不录，《隋志》录而不著撰人姓名，且冠之以黄帝二字，世俗遂传为黄帝之书。今卷首有晋皇甫谧序，称"《七略》、《艺文志》'《黄帝内经》十八卷'。今有《针经》九卷，《素问》九卷，二九十八卷，即《内经》也。……又有《明堂孔穴针灸治要》，皆黄帝、岐伯选事也。三部同归，文多重复，错互非一。甘露中，吾……乃撰集三部，使事类相从，删其浮辞，除其重复，论其精要，至为十二卷"。而名其书名《黄帝三部针灸甲乙经》。按：皇甫谧强目《针经》、《素问》为《黄帝内经》，纯出私臆。（注二）《明堂孔穴针灸治要》未见录于《汉志》，自非西汉以前之书。则合三部以为《甲乙经》，《甲乙经》即皇甫谧之书耳，与黄帝无涉也。总之，《素问》出于汉人，（注三）《甲乙经》出于晋皇甫谧，《灵枢》出于唐王冰。谓含有古人遗说则可，谓出于黄帝，则反肆诸伪书之林矣。

（注一）此段多采姚际恒《古今伪书考》之说。

（注二）亦采姚际恒说。

（注三）《四库全书总目》："《汉书·艺文志》载《黄帝内经》十八篇，无《素问》之名。后汉张机《伤寒论》引之，始称《素问》。晋皇甫谧《甲乙经序》称《针经》九卷，《素问》九卷，皆为《内经》，与《汉志》之数合。则《素问》之名，起于汉、晋间矣。故《隋书·经籍志》始著录也。"按此虽认《内经》即《素问》，实则反可证明《素问》出于汉人。

丙　《阴符经》

旧题黄帝撰。按：《战国策》谓"苏秦得太公阴符之谋"，阴符之名始此。《史记》则谓"苏秦得周书阴符"，不知其书究以何名为正。《汉志》不载《阴符》而有《太公谋》八十一篇，不知是否同是一书。《隋志》有《太公阴符钤录》一卷，《周书阴符》九卷，不知孰为战国之书，且亦未称经也。《唐志》乃有《集注阴符经》一卷，为太公、范蠡、鬼谷子、张良、诸葛亮、李淳风、李筌、李治、李鉴、李锐、阳晟十一家注。又有《骊山母传阴符玄义》一卷，注云："筌于嵩山虎口岩石壁得黄帝阴符本，题云：'魏道士寇谦之传诸名山。'筌至骊山，老母传其说。"宋黄庭坚曰："《阴符》出于李筌。熟读其文，知非黄帝书也。盖杂以兵家语，又妄说太公、范蠡、鬼谷、张良、诸葛亮训注，尤可笑。"清姚际恒曰："必寇谦之所作，而筌得之耳。……或谓即筌所为，亦非也。"王谟曰："《阴符》是太公书兵法，以为黄帝书固谬。"余则谓其文简洁，不似唐人文字。姚、王所言甚是，特亦未必太公或寇谦之所作。置之战国之末，与《系辞》、《老子》同时可耳，盖其思想与二书相近也。

跟大师学国学　已出书目

中国八大诗人　胡怀琛　著

国史讲话　顾颉刚　著

词学通论　吴梅　著

谈美　朱光潜　著

佛学常识　太虚　著

李鸿章传　梁启超　著

古书真伪常识　梁启超　演讲　周传儒　等　笔记

怎样读古书　胡怀琛　著

中国的文化与思想　常乃惪　著

中国的兵　雷海宗　著

文艺常谈　朱自清　著

史讳举例　陈垣　著

中国政治思想史　吕思勉　著

《诗经》讲义　傅斯年　著

文心雕龙札记　黄侃　著

中国哲学十讲　李石岑　著

明清戏曲史　读曲小识　卢前　著

史学方法导论　傅斯年　著

先秦政治思想史　梁启超　著

中国近代史新编　蒋廷黻　著

孔子与儒家哲学　梁启超　著